目　次

はじめに

この本を手にとってくださり、ありがとうございます。この本は、世間やメディア、他人から与えられたものではなく、自分の内側から湧き出てくる〝ありたい姿〟〝選びたい生き方〟に寄り添い、「無意識」から「意識」へ引っ張り出すために、読者の皆さん自身が一つひとつ自分の中で言語化しながら、納得して、次の一歩につなげるお手伝いをする本です。

コロナ禍に置かれた今、私たちは様々な行動の制限を受けながら生活しています。もう元には戻らないこともたくさんある中で、〝何を最も大切にして生きていくか〟を見つめ直した方も多いのではないでしょうか。

置かれている状況や生まれ育った環境によっては、「女性らしさ」「男性らしさ」「あるべきリーダー像」のプレッシャーを感じている方がいるかもしれません。地域や家庭環境によっても異なりますが、私たちの抱く〝ありたい姿〟は何らかの影響を受けてきたものだと思います。

誰もが、迷い、悩みます。

日々決断しながら生きていく過程において、後悔しない選択で幸せになりたい人を、「コーチング」×「行動心理学」でサポートしたい――そんな想いで私は今、良い習慣の力で暮らしを豊かにする「美習慣コーチ®」として活動しており、多くの方が〝心の豊かさ〟について、より本質的なところを模索するようになってきた変化を実感しています。

私自身も、これまでの人生の中で、自分の本当にやりたいこと、ありたい未来がわからなくなっていた時期がありました。周囲から期待される〝あるべき姿〟と自分が望む〝ありたい姿〟の差異に悩み、モヤモヤの正体がわからず一歩踏み出せずにいたのです。自分の役割は何だろう、周囲の期待に応えるにはどうしたらいいのだろうともがいてきました。「歩く生徒手帳」「学生の鏡」「女性社員のロールモデル」「良妻賢母」という言葉に縛られ、自分で自分を息苦しい枠の中に閉じ込め、自分が本当にやりたいことは何だったか、ありたい姿はどんなものであるかわからないまま、がむしゃらに生きていたのです。

やりたいことが溢れていて何から手をつけてよいかわからず、目標はあるのにどう行動したらよいかわからなかった私ですが、そこから脱出して今の私があります。〝逆境にあって、困難な状況に適応しながら生きる力〟と〝夢を現実のものにする力〟は本質的に同じだと感じています。

夢は「叶う」ものではなく「叶える」ものです。

夢を実現するための資源は全て自分の中にある。誰もがそう思える社会を作りたい。そのために様々な挑戦をしています。

「美習慣コーチ®」として自己研鑽もしながら、小さな夢を一つずつ叶えて、また新たな夢に向かって歩んでいる途中です。出会いやコミュニケーション、書物、様々な機会を通じて、本当に自分に合った生き方の道のりを私も模索しているところです。

まだまだ道半ばではありますが、既に大成功したスゴい人が過去を振り返って語るよりも、現在進行形で、等身大でトライ&エラーをしている姿、迷いながらも最善を尽くして取り組む姿が、今まさに挑戦している方の力になれるかもしれない、そう願いながら、この本を書いています。これまでの私自身の体験を振り返り、そのプロセスをお伝えしながら、

自分にとって本当に大切なものは何かを見つめ直したい方

実現したい夢に向かってエンジンをかけたいと思っている方

そんな方に活用いただけるよう、「問い」として投げかけています。

この本の中にある61の問い（本文中の41の質問と「夢を加速するワークシート」の20の質問）の中に一つでも多く、読者の皆さんの応援につながるものがありますように。

ぜひ各項で、ご自身の考えや〝今の自分に当てはめると、ここに書いてあることがどんな意味合いを持つか〟などをどんどん書き込んで、自分だけの一冊にアップデートして頂けると幸いです。日々頑張っているあなたの伴走ができますように。

第1章　自分の人生のストーリーを自分で作る

習慣を変えて人生を変える

あなたが普段している習慣にはどのようなことがありますか。

朝起きたら歯を磨く、移動中にＳＮＳを見る、脱いだ靴は揃えるなど、いろいろなことがあるかと思います。

習慣とは「無意識」に行っていること、いつの間にか自分の心や身体が動いていることを言います。

私もあなたも「過去の習慣」でできています。食習慣で身体が作られ、思考の習慣がその人らしい考え方や言葉使いを決め、行動の習慣が数々の選択・決断をしています。

その繰り返しで「今」のあなたがあります。

過去の言動、思考など、一つひとつの積み重ねが今の自分を作り上げてきたのです。

約２５００年前、古代ギリシャの哲学者アリストテレスは「習慣が変われば人生が変わる」と言いました。

夢や望む未来に向けて、習慣をほんの少しだけより好ましいものに変えるとしたら、どうしますか？

一番大切なのは、まず、今の自分を見つめ、考え方の「癖」である「思考習慣」や、つい無意識にとってしまう「行動習慣」など、今の「習慣」に気づくことです。

習慣をほんの少し変えて暮らしをより良くする。

体力が無限のように感じられた十代の頃のことです。

母親だけの一人親家庭で４人きょうだいの長女として育った私は、家族の生活費、弟たちの学費、そして自分の大学の費用をアルバイトで稼がなければならなかったので、寝る間も惜しんで働いていましたが、ある日過労で倒れてしまいました。しかし、倒れようが、すぐにその生活をやめるという選択肢はありません。さらに、アルバイトの仕事はどれも、私の向上心に刺激を与えてくれる有り難い学びでした。不安だらけの生活を変える希望のように感じていましたので、なんとしても続ける工夫が必要でした。そこで私は思ったのです。

〝私はきっとまた自分に無理をさせるにちがいない。

だったら一日24時間のうち30分だけ、自分の心と身体に向き合う時間を作ろう〟

自分の体調の変化に気づくしくみを作ろうと決めた時、私は19歳でした。

まずは、朝起きたらすぐに着替えて、太陽を浴びに外に出て、近くの河川敷を歩くことから始めました。

そのうち、歩きではなく走るようになったのですが、走り始めたのは〝自分とうまく付き合うしくみ〟の必要性からで、走ることの良さを言葉にして説明できるようになったのは何年か継続してから、メリットの威力を肌身で感じるようになったのは30代からです。そして大事なことは、結果としてのメリットではなく、行っている過程でも利点を感じられることだと気がつきました。プロセスで価値を感じられること、成果が目に見えてわかることは、取り組みを続ける上で大事なポイントだと感じます。

もともと私は走ることが苦手で、小学校のマラソン大会の日には必ず熱が出るなど不調をきたすほど嫌でした。そんな私が最初に走ってみようと思えたのは、走ることにメリットが存在するということを〝認識〟したからです。

どうやら、身体が強くなるらしい。メンタルが鍛えられるらしい。昨日の自分に打ち勝つ力を養えるらしい。

過労で倒れた経験のお陰で、自分は気持ちがつい前に出て無理をしてしまいがちな性格であることを実感し、自分のその日のコンディションを手っ取り早く正しく知る手段の一つがジョギングだと捉えました。

最初は〝続けよう〟と気負わず、〝やってみよう〟〝始めてみよう〟からのスタートで良いと思います。

なぜなら、小さな一歩が次の一歩につながるからです。それは、小さいけれど確かな「自信」になります。

まずは、どんな些細なことであっても、できたということにスポットを当てます。

まだ薄暗いうちに布団から出られた。
苦手な朝を克服できた。
起きてからぼーっとしている時間を減らせた。
すぐに着替えができた。
外に出て太陽を浴びることができた。
朝から河川敷まで出てこられた。
心地よい川の流れ、小鳥のさえずりを

聞くことができた。

朝から気持ち良く過ごせた。

そんな小さなことに喜びを見出しながら、小さな、しかし確かな自信を積み重ねていくのです。

毎朝のジョギングが習慣になって20年以上になりますが、今はほぼ365日、雨の日も、雪の日も、国内外の出張先でも、欠かさず走ります。習慣なので大変と感じる余地もなく、いつでもどこでも走ります。

今の私が強く感じている〝走ることを習慣にする7つのメリット〟は第4章でご紹介します。

物の見方や解釈を変えてみる

どんなに悪く思えた出来事でも、あとになって良い側面が見えてきた経験はありませんか。

父を失った時、家族は明日食べていけるか、生きていけるかという状況に直面しなければいけなくなりました。

中学生だった私は進路変更を余儀なくされ、次々と降りかかる問題に直面し悲嘆に暮れていました。絵の世界で生きる道を目指して毎日遅くまで学校に残って美術の勉強を続けてきたのに、ようやく川の流れや波紋の様子も納得のいくように描けるようになったのに、全ての努力が無駄になったように感じました。それまで必死に勉強してきたのは、絵を描くためでした。5教科の勉強は一番大好きな美術のため。「学年で一番の成績をとれるくらいになれば、君の行きたい専門学校にも行ける」と言われ、「ゴミ箱に捨てたくなるような恥ずかしい点数は二度ととるまいと決意をして勉強に向き合いました。夜、家事を全て済ませたあとで勉強し、学年一番の成績を安定的にとれるようになり、母にも夢を応援してもらっていたはずでした。

私の名前は、母が大好きだった〝いわさきちひろ〟さんにちなんでつけられました。物心ついた頃から家じゅうのものをデッサンしては、いわさきちひろさんのようなタッチで絵の具をのせていくのが大好きでした。私が絵を好きになったのは、いつも母が隣にいて、私の描くもの全てに喜んでくれたからでした。

その母から、「いつお金になるかもわからない絵の道は諦めて、お給料のもらえる仕事に早く就ける普通の高校へ行ってほしい」とお願いされる日が来るとは思ってもいませんでした。しかし、当時時給６００円で深夜まで働く母の姿を見ていたので、「わかったよ」と答えるしかなかったのです。夢が脆くも崩れ、やる気がなくなって、来る日も来る日もわが身の不運と不幸を嘆いてばかりいました。

毎日そんなふうに過ごすようになると、何もかも楽しくなくなり、数学で良い点をとっても悔しさがこみあげるばかり。褒められてもちっともうれしくもなければ、毎日がちっぽけでつまらない苦痛なものになりました。

目標を失った私はどんどん自信を失い、学校に行くのが怖くなって、生きているのも辛くなってしまいました。

夢も目標も持てなくなってしまった時の怖さは今でもよく覚えています。

言葉の定義。問題とは、苦難とは。

未来への不安から、私は不眠症を発症しました。眠ることもできなくなっていたのです。

そんなある日の真夜中、突然母から「車に乗りなさい」と言われました。向かった先は車で30分ほどの距離にある市内を一望できる展望台。夜景の一つひとつの光が星のように輝いて見えました。

母は何も言わず、ただ隣にいてくれました。私は何時間も無数の瞬く光を眺めていました。

するとだんだん、自分の悩みがちっぽけなものに思えてきたのです。

私は生きているのに、なぜ死んだように生きているのだろうと、悩んでいたこと自体がなんだか馬鹿ばかしく感じたこともよく覚えています。

翌朝、机の上には「ポジティブシンキング」「陽転思考」といった前向きになれるようなタイトルの本が何冊も積まれていました。母が置いてくれたそれらの本の中で、私は一つの問いに出会ったのです。


「この状況が神様からのギフトだとしたら？」


全ては自分の捉え方次第、ものの見方一つで世界が変わる。

自分なりにそう答えを導き出しました。

〝これからは私が大黒柱。長女の私が責任をもって弟たちを立派に社会に送り出そう〟

そう決めたのは15歳の夏でした。

それからは、きょうだいで家事を分担し、私もアルバイトをかけもちしながら、家族で支え合って、お金のやりくりをして進学しました。高校生になると、コンビニエンスストアの早朝の品出しのアルバイトをして、毎朝5人分のお弁当を作ってから高校に通いました。食べ盛りの弟たちのお弁当はどんなにおかずを詰めても足りなくて、栄養バランスもボリュームも腹持ちの良さも工夫を強いられました。今、私は本業でメニュー開発の仕事にも携わっていますが、当時身につけた料理の手際や要領、経験は確実に生きています。学校が終わるとすぐに飲食店での接客のアルバイト。夜遅くまで広いホールを駆け回る体力勝負の業務でした。毎日寝不足で、日中はよく白目を剝きながら学校の授業を受けていましたが、忍耐力は鍛えられたように思います。家族で支え合って生きている実感がありました。あの時の経験もきっと私に必要だったのだと思います。

私にとって「問題」とは「成長するための機会」

私にとって「失敗」とは「有り難い学習経験」

私にとって「苦難」とは「幸福の門」

失敗しても命をとられるわけではありません。「気づかせてくれてありがとう」と心の中でつぶき、「自分の辞書」で「問題」や「失敗」の解釈を変えることで、世の中の見え方がまるで変わってきたように思います。「失敗」も「問題」も恐ろしいものではなくなってきました。10〜20代の頃は身構えてばかりでしたが、今はようやく肩ひじ張らずに自分が心地よいと思える解釈に変えようと思えるようになりました。

Question 01

今あなたの目の前にある「問題」や「失敗」をあなたの辞書で変換するとどんな意味になりますか？

自分の理想の人生を設計（デザイン）する

「人生」の定義は人によって異なりますが、私は「自分という人間を表現できるステージ」と捉えています。

自分の人生を設計するというと、どこか高尚な感じがしますが、目標や目的を定めていなかった時と比較すると、望んだ結果が伴うことが増えてきたように思います。

大学生の頃、家族を養うために会社を立ち上げ、オーストラリアで働いていた時のことです。理想の人生を設計する大切さを、ホストマザーに教わりました。

「仕事は人生を生き抜くための一手段であって、決して目的ではないのよ」

そう言われたのです。投資家として各地を飛び回っていた彼女は、仕事を中心に置いて人生設計を考えている日本人が多いと感じていました。そして、「今は楽しそうに働いているあなたが、もしもこの先、何のために働いているのかわからなくなったら、普段の生活の中で自分の好きなことをどのくらいできているか、一年の中で好きなことのためにどれくらい時間を使えているのかを自分に聞いてみなさい」とアドバイスをくれました。

オーストラリアでは、半月や1ヶ月単位で仕事を休み、旅行や観光を楽しんでいる人がとても多いと実感しました。遊ぶために、遊びを存分に楽しむために働いています。自分の人生の中に家族や友人、大切な人との楽しみや幸せをしっかりと組みこんだ上で働く時間を設計しているのです。

当時、オーストラリアで私が学ばせてもらった大人の中には、仕事のために仕事をするような人はいませんでした。自分や家族を犠牲にして残業するという選択肢は存在していませんでした。これは、今の私のワークライフバランスにも影響を受けています。

暮らしの中心にあるものは。

人生を生き抜くために仕事はもちろん大事です。やりがいも生きがいも感じられる、なくてはならないものですが、自身のライフスタイルや、まして人生設計の中心にまで仕事を置いて考える必要は全くないという働く基準を学ばせてもらったことは貴重な経験です。

「自分の人生なのに、なぜ、自分はこんなにも自分の好きなことができていないのだろう」

もしもこう感じている方がいたら、人生設計に悩んでいる方がいたら、いったん今の仕事を人生設計の中心からはずして考えることから始めてみてはどうでしょうか。

もしも自分の口から愚痴や文句ばかり出ていることに気づいたら、職の再選択を含めてライフスタイルを選び直すこともできるはずです。ただなんとなく日常を消化しているだけでは、本来持っているはずの底力を発揮できません。

私たちは自分のストーリー（人生）の脚本家であり、監督であり、主演俳優です。

私は自分の描くシナリオを、自分が一番演じたい役を、節目節目に見直すようにしています。

決めるのは全て自分です。

Question 02

毎日が新しい人生の始まりだとしたら、どんなストーリーを描きますか？

目標を書き留める

潜在意識は「巧みな想像」と「現実」の区別ができない、ということをご存じでしょうか。人間が描くイメージは、自分が抱く感情とリンクしています。抱いた感情から自己イメージと実際の行動が生まれます。

目標を達成する過程の自分、目標達成後の自分の姿、それを具体的にイメージ（妄想）することが肝心です。

イメージの力。

よほどの幸運の持ち主でない限り、人はイメージできないことは実現できません。

プロのスポーツ選手のインタビューを聞いていても、「潜在意識のレベル」から目標を掴みにいっていることがわかります。

優勝する瞬間のイメージを何度も思い描き、目標に向かって血の滲むような努力を繰り返したからこそ、望んでいた結果や功績を手にしています。

目標は単なる目的地ではなく、今の状態から飛び出し、理想の状態・夢に向かって自分を引き寄せるパワーを持った最強の見方です。

〝鮮明にイメージできたこと〟が物理的に〝現実化〟を始めるということ、〝目標は最強の味方〟だということを知ってからは、私も未来の自分に向けたイメージトレーニングをしています。

20歳で組織を立ち上げた私についてきてくれた仲間、一緒に走ってくれた仲間もいましたが、それ以上に離れていってしまった友人もたくさんいました。辛い坂道ダッシュもマラソンもして一緒に汗を流した友人とは切磋琢磨できる関係と信じて疑いませんでしたが、ある時から心の距離がぐっと開いてしまい、ものすごく寂しく、孤独に感じていたことがありました。

その時に書き留めた目標、強く思い描いたイメージは次のようなものでした。

〝卒業式ではたくさんの友人に囲まれて私はその中心にいる。

芳しいお祝いの花束をかかえた私が満面の笑みで式典に出席している〟

〝首席で卒業をする。私は卒業生を代表して学長から卒業証書を受け取っている。

その卒業証書を片手に、お世話になった先生方一人ひとりに感謝を伝え、

挨拶をして回っている〟

〝「4年間頑張ったね」と手を取り合って喜び合う友人たちと、卒業後のワクワクする未来を語り合っている〟

その場限りの仲良しサークルではなくて、一生の仲間を作ることをイメージして4年間の大学生活を過ごしました。

私は学費と家に入れるためのお金を稼がなければならなかったので、遊ぶ時間はほとんどありませんでしたが、限られた時間の中でも、陸上部のマネージャーとして選手と一緒に走りこんだり、テスト前には友人たちと得意教科を教え合ったり、組織を立ち上げてとことん討議を重ねたりしました。だから、最初はテレビドラマやカラオケの話題についていけずに孤独を感じていた私も、仲間との関係性を深めることができました。

また2年目からは「特待生」として授業料が免除になっていたので、その条件として8割以上の科目で「優」の成績を収めなければならず、「首席で卒業をする」という明確なイメージも目標に組み込みました。自分で学費を稼いでいた私は、1つの授業が自分の時給にしたらいくら分になるのかを換算して、絶対にそのもとをとってやるという意気込みで全ての授業に臨んでいました。

結果、思い描いたイメージ通りになりました。

首席で卒業証書を手にすることができ、卒業式に撮影したどの写真にも、友達に囲まれて真ん中で笑っている自分がいます。実は、自分が描いたイメージをお世話になっている方々に話していたら、卒業式に合わせて私宛にバラの花束が届いていました。インターンシップなどでお世話になっていた会社の方々からの有り難い贈り物です。袴姿でバラの花束をかかえているのは私くらいでしたので、その効果で皆が次々に駆け寄ってきてくれました。目標を書き留め、さらに周囲に話していたことで実現した奇跡の光景でした。

卒業後しばらくして、汗も涙もともにした友人から、「あの時は千尋のそばにいるのが辛かった」と打ち明けられました。「千尋は常に頑張っているから、手を抜いたり、楽をしようとしたりすることもない。大変なはずなのにいつも笑顔でいる千尋のそばにいるのが辛かった。自分も何かしなきゃ、このままじゃいけないかもしれないと自分を否定してしまって、そばにいるのが苦しかった」と。

昔から私は弱音を吐くのが苦手でした。きっと心を強く保つために弱音を吐けない自分がいるのだと思います。しかし、友人の言葉を聞いて、自分を守っていたことが無意識に周りの人を傷つけてしまっていたことを知ったのでした。

素直に心のうちを打ち明けて相談できていれば、相手との関係性は良くなり、自分自身ももっと楽になれていたにちがいない、そう悔やみながらも、率直なありのままのフィードバックをもらえたことには心から感謝しています。

善と思えるようなことも、時に人を傷つけてしまうことがあるという貴重な学びをいただきました。

この本のタイトルにもなっている41の問いの一つひとつについて、私は手に取ってくださる読者の姿を思い浮かべながら書いています。

落ち着いた雰囲気のカフェで、心地よいBGMを聴きながら、ゆっくりとページをめくっている。

昔の自分に思いを巡らせたり、読んでいる途中で端っこに小さくメモを入れたりしている。

〝この人に連絡をとろう〟と浮かんだ何人かの名前を書き留めている。

誰かのそんな姿に想像をふくらませながら執筆する時間は実に楽しいひとときです。

Question 03

自分が既に目標達成をしている姿を想像する時、どんな音や匂い、手触りを感じますか？

パラレルキャリアで働く　〜応援してほしい人に応援してもらえるキャリアを設計する

卒業後のキャリア構築については第3章の「夢加速サイクル」でご紹介しますが、このコロナ禍で働き方や時間の使い方など私たちを取り巻く仕事環境は大きく変化しました。テレワークの影響で社員間のコミュニケーションが減少したため、オンラインのイベントを開催する企業や、オンライン上でCEOから全社員に向けてメッセージを届ける企業も増えてきました。職場環境や勤務形態の変化に伴い、新しいスキルを学ぶ場や生活のサポートなど福利厚生を見直した企業もあります。

働き方改革が進み、副業を解禁する企業が増え、パラレルキャリア（本業を持ちながら第二のキャリアを築くこと）で働く人も続々増えています。

私の勤務先（本業）では、「働き方の改革は生き方改革」というスローガンを掲げ、労働時間を削減できた社員が個人の可処分時間を有効活用できるよう副業制度を導入しています。私はその制度利用者第1号として、国家資格キャリアコンサルタント、コーチング講師、ビューティーコンサルタント等、これまでライフワークとして取り組んできたことを事業化し、パラレルワーカーとして働いています。

副業を認めていても、競業避止義務など本業の利益を圧迫する可能性のあることは禁止されている企業が多く、また健康確保の観点から、副業可能な時間を本業の残業時間と合算して上限設定しているところも増えています。

私もパラレルキャリアで働く1人ですが、「周りの仲間から応援されながら副業したい」「副業を始めたいけれどどう思われるか不安がある」という声をよく聞くようになりました。

就業規則で副業が認められている企業にお勤めの方で、本業の上司や部下、仲間に副業の話をオープンにできている方はどれくらいいるでしょうか。

「コーチング」×「行動心理学」でのサポートを副業としている私は、そのクライアントの前だけではなく、本業の仲間の前でも、副業をしている〝自分らしい姿勢〟でいられるために心掛けていることがあります。

一人ひとりとの関係づくり。

副業開始にあたり私が特に留意したことは、副業のコーチ業が具体的にどのようなもので、本業にどのような相乗効果があるのかを、言語・非言語コミュニケーションを大切にしながら伝えるよう努めたことです。

自分を応援してもらいたいメンバーには、一人ひとりとの関係性を大切にすることを心掛けました。

日頃のコミュニケーションでも、仕事や生き方でどんなことを心掛けているかを言葉にして伝えること、聞くこと、そして、相手のタイミングをみながら共有していくことで、誤解や不安を取り除き、理解を得られる環境整備に努めています。

本業の人事部門や上長の懸念点を考慮すれば、

〝(副業実践者が）仕事をおろそかにしないか〟
〝会社の評判への影響〟
〝副業で長時間働き過ぎて健康を損なわないか〟

などの不安はつきまといます。だからこそ、他人が見ていないところでも手を抜かない人間であること、周囲の視点や健康への配慮、未来軸での仕事の捉え方の確認を日々行い、ワークライフバランスで大切にしたいと思っている価値観も業務上のＫＰＩ（Key Performance Indicator＝重要業績評価指標）やＫＧＩ（Key Goal Indicator＝重要目標達成指標）に留めず共有を心掛けています。

残業を減らすとどんな過ごし方ができるか、どんな良いことが待っているかを、私自身の姿勢から伝わるよう意識しました。

もしも同時にもう一人の自分がいたら。

私はすぐに起業に踏み切れたわけではありません。誰にでも「やりたくてもやれていないこと」「一歩踏み出したいのに踏み出せないこと」ってありますよね。現状に満足している時はなおさら「老後の夢」のように語っていた自分がいました。

そんな折、〝もしも同時にもう一人の自分がいたら〟とセルフコーチングした瞬間、やりたいことがどっと溢れ出てきたのです。これまで努力してきた自分を否定することもなく、別の角度からも貢献できる可能性を秘めた自分にわくわくしている、もう一人の自分がいました。

2013年に国家資格キャリアコンサルタントを取得し、その後は当然のようにセルフコンサルティングを重ねてきましたが、他人のキャリアには真剣に向き合うものの、時の流れとともに変化していた自分と向き合う機会を育児や仕事の忙しさのせいにして逃していたのかもしれません。コーチングの学びが起業「決断」の後押しとなり、自分自身と本気で対峙することにつながりました。副業は本業にプラスの効果をもたらします。やるという自己決定により幸福度も高まります。

チャンスという仲間からのパスを受けて。

パラレルキャリアでの働き方についての私のインタビュー記事を、あるビジネス誌で掲載していただいたことがあります。取材に際しては「本業と副業で相乗効果の高い理想的な働き方」ということで本業の人事部や広報部からの推薦があったこと、記事を読んでくれたメンバーからもたくさんのエールをもらえたことは本当にうれしかったです。

コーチとしての活動をしている自分もまるごと認めてもらえ、未来軸で相談される喜びは力になります。

これほど励みとなるとは思ってもいませんでした。

言葉に出すと本当になる。

言い古された言葉ではありますが、本当にそうだと実感します。

実現していないことは、アウトプットしていないだけかもしれません。

「今、自分の思い描くような働き方ができているだろうか」

「本当はやりたい・伝えたいことがあるのに、何らかの要因に縛られて足踏みしていないだろうか」

「自分にとって職場はどんな場所であってほしいのか」

「目の前の仲間にどのような人間だと思われたいか」

これらは私がコーチングで自問して、言葉に出して向き合ったことのうちのいくつかです。自分と向き合うことは〝大切な人とのコミュニケーション〟に向き合うことです。もしも苦しいと思っていたあの頃、「学び（コーチング）」に出合わなければ、本業の仲間からのエールをもらうこともなく、私は一人孤独に戦っていたかもしれません。

実現したいことを言葉にして言えばいいだけだとわかっていても、素直に言える場所や仲間は案外少ないものです。自分のものさしで相手の価値観を決めつけることなく自分の思いを受けとってくれる仲間やコーチがいることがどれだけ心強いか。

本業の仲間、副業の仲間、たくさんの仲間に支えられ、今の私があります。

悩み、投げ出しそうになるたびに励ましの問いをくれる仲間に感謝をこめて、かつての私がそうしていただいたように寄り添い、大切な人のために手を差し伸べられる人でありたいと願います。

Question 04
今、一番応援されたい人は誰ですか？

第2章　夢に向かって自分を味方につける

自分をよく知る、自分を好きになる

「人のいいところはたくさん見つけられるのに、自分にはいいところなんてない」

そんな声をよく聞きます。

自分の良さがわからないと自分のことが好きになれません。でも、自分のことすら好きになれないのに、他人のことを本当に好きになれるでしょうか。

人生の中ではたくさんの人と関わりますが、最も重要な人間関係は「自分との関係」です。

「自分の嫌いな部分」はどこですか？

30代前半までの私は自分のことが大嫌いでした。でもある時、自分の中の「変えられること」と「変えられないこと」を書きだしてみたのです。それを一つひとつ整理して、向き合って、変えられることは克服していきました。

身長、女性であること、年齢などは変えられませんが、人前で話すことへの苦手意識や英語を話せないこと（語学力以前に主張したい中身がありませんでした）などは変えられる＝克服のしようがあります。嫌っても直らない部分をただ嫌っているだけでは何も解決しません。むしろ、受け入れてしまうことで精神的にずっと楽になれます。

自分を受け入れやすくするポイントは、「リフレーミング（Reflaming）」です。Re（再び）＋flaming（構成する）という心理学用語で、ある枠組みで捉えられている物事の枠組みを外して、違う枠組みで考えることです。

例えば嫌いな短所が「短気」の場合、「気持ちや思いをストレートに表現できる」と言い換えることができます。「頑固」は「自分の考えがあり、意志がある。芯がある。信念が強い」と言い換えられます。

「優柔不断」は「慎重で思慮深い。安易に決断しない。観察力が高い。短絡的な決断に流されない。内省力がある」、「心配性」なら慎重に物事を進めていくことができ、仕事に正確さや丁寧さを発揮できます。

「緊張しやすい」人はまじめな証拠。緊張するのを防ぐために事前準備をしっかりやる方が多いと感じます。

「人見知り」は時間をかけて素晴らしい人間関係を築くことができます。

「せっかち」な人はその分、てきぱき動けるのです。臨機応変に対応できる方が多いと感じます。

「八方美人」はそれだけ人に対して配慮ができる良さがあります。

私は日記を付けて自分と向き合ったり、うまくできるようになったことを列挙してみたり、ゆっくり少しずつ自分に対する「好き」を増やしていきました。自分を受け入れること、好きになること、それはきっと幸福への近道だと思います。

Question 05

自分の「短所」を7つあげるとしたら何ですか？ それをリフレーミング（ものの見方を変える）するとしたら？

自分の強みを知る

突然ですが、あなたは自分の長所や強みをすぐに言えますか？

言えない方は損をしているかもしれません。

「それを知って何の得になるの？」と思われる方がいるかもしれませんが、自分の強みを知ることは、自分に適した環境で最大限の成果を発揮するために必要不可欠なことです。

そこで、自分の強みを見つけるための３つの方法をご紹介します。

他者との関係からの気づき。

「ジョハリの窓（Johari Window）」という自己分析に使用する心理学モデルがあります。

自分自身が見た自己と、他者から見た自己の情報を分析することで、次の４つに区分して自己を理解するというものです。

①自分も他人も知っている自分の性質（開放の窓）
②自分は気づいていないが他人は知っている性質（盲点の窓）

③他人は知らないが自分は知っている性質（秘密の窓）
④自分も他人も知らない性質（未知の窓）

他者とのコミュニケーションにおいて自分自身をどれだけ表現しているか、という視点で現在の自分の姿を理解することができます。

「開放の窓」は、自分の分析と他人からの分析が共通していて、「自分自身も知っていて他人も知っている自分の性質」です。

この窓の項目が多い場合、自分の内面や能力などを他人にわかるように表に出している、自己開示している傾向が強いと言えます。逆にこの窓が小さいと、他人には「よくわからない人」に見えているということになります。

「秘密の窓」は、「自分は知っているが他人は知らない自分の性質」です。

この窓の項目が多い場合、内に秘めている部分が多く、自己開示をしていない、あるいはできていないと考えられます。この窓には、意図的に表現していないことも含まれますが、自分の個性をうまく表現できていないという場合は、意識的に表現してみるといいでしょう。そうすることで、この項目は「開放の窓」になり、開放の窓を広げることにつながります。

「盲点の窓」は、「自分は知らないが他人は知っている自分の性質」です。
この窓の項目が多い場合は、自分の気づいていない部分が多い、あるいは自分自身の分析ができていないことを意味します。自分への理解を深めることに役立てることができます。自分が知らなかった自分を理解し、受け入れていくことで、この項目は開放の窓になっていきます。

「未知の窓」は、自分も他人も気づいていない、あるいはまだ開発されていない性質です。
新しいことに挑戦したりする中で気がつく、あるいは新たに開発されていく可能性があります。

私たちが社会で成長していくためには、積極的に自己を開発していく必要があります。そのためには、まずは自分を知ることです。その時に有効なのが、この「ジョハリの窓」（下表）です。

親しい友人や家族などにあなた自身の性質について聞くことができれば、

	自分は知っている	自分は気づいていない
他人は知っている	**「開放の窓」** 自分もや他人も知っている自己	**「盲点の窓」** 自分は気がついていないが、他人は知っている自己
他人は気づいていない	**「秘密の窓」** 自分は知っているが、他人は気づいていない自己	**「未知の窓」** 誰からもまだ知られていない自己

自分自身の認識との照合が比較的容易にできるでしょう。あるいは、キャリアコンサルタントに強みを分析してもらう方法もあります。

いずれにしても他者の協力が必要となります。

自分が見えなくなって自分を正しく捉えられなくなった時は、一人で焦らず、自分をよく理解してくれている仲間やコーチなど他人の視点を借りることも大切です。きっとあなたの助けになります。

客観的な分析ツールを活用。

「ストレングス・ファインダー」という心理学テストがあります。自分の強みを見つけるための診断テストです。『さあ、才能に目覚めよう―あなたの5つの強みを見出し、活かす』（マーカス・バッキンガム、ドナルド・O・クリフトン著）という書籍に同封されているIDコードで指定のウエブサイトにアクセスすると、そのテストを受けられるようになっています。診断結果では、34の要素から自分の強みを5つ教えてくれます。

書籍では34の要素の解説や、「強みをどう活かすか」などについて詳しく書かれていて、2000円程の書籍代。自分の今後の可能性を見出したいと思う方にとってこの投資は「高くない」ように私は思います（古本で買うとIDコードが付いていないことがあるのでご注意ください）。

テストの結果、私の5つのストレングスは、「未来志向」「ポジティブ」「共感性」「コミュニケーション」「収集心」でした。

例えば、「未来志向」は文字通り、〝未来〟をイメージする資質です。未来がどれくらい先かはその人次第。3年先、5年先の比較的近い未来をイメージする人もいれば、数十年先をイメージする人もいます。私は、かつては1～3年先でしたが、経営をするようになってからは子どもたちの成長も考慮しながら5～10年先をイメージすることが多くなりました。「未来志向」で思い描くのは、「こんなことが実現するといいなぁ」と望む未来。基本的にはポジティブでワクワクするような未来です。

「未来志向」を持つ人の多くは、未来をビジョンや映像で描いているようです。自分の描いた未来をどう実現するかで今現在を見て、ゴールを決めて、そこから逆算してすべきことなど計画を立てるのが得意な人が多いのです。

その反面、ビジョンは描きつつもそれを具体化して形にすることが苦手な一面もあります。夢物語を語って、周囲の人からは単なる妄想と受け取られてしまうことも。

そこで、私は意識して行動力を伸ばすことで、「絵にかいた餅」とは決別し、小さな望みから一つひとつ実現に向けて行動するよう心掛けてきました。一人では遂行の難しいことは、実行力の資質の高い人に自分の夢を語り、夢の実現に向けて協業してもらうようにしています。

「コミュニケーション」を強みとする人は、

・話すのも書くのも得意
・急に振られてもとりあえず話せる
・言葉に対する感度が高い
・相手に伝わりやすい言葉を選んで使える
・相手を傷つけないよう言葉をうまく選べる

ことができます。

反面、

・一度話し出すと止まらなくなってしまう
・(喧嘩の時など)相手を傷つける言葉も選べてしまう

ということが弱みとしてあります。

そこで私は、相手に理解してもらえているか25秒に一度は確認をしたり、全体像・話す順番を伝えてから説明を始めたりすることを心掛け、弱みを補うようにしています。

「ポジティブ」は、目の前で起こった出来事が一見ネガティブなことであっても、それを一瞬にしてポジティブに反転させる資質。前向きで、楽天的で、文字通り何事もポジティブに捉える資質です。

例えば、誰かと食事の約束をしていて直前でドタキャンされたとします。「ポジティブ」資質が上位だと、「ちょうど読みたい本が溜まっていたし、ゆっくり読書できる時間が取れてよかった！」などと、すぐにその状況をポジティブ変換します。

他人を前向きな気持ちにさせたいという気持ちが強いので、基本は褒め上手。人の良いところ、できているところに目を向け、それを無意識に口にして周囲を勇気づけるのが得意です。

ここに、物事の良い面、人であればその人の強みや得意に目を向ける最上志向が加わると、さらにその傾向が強くなると言われています。

コーチとしてクライアントの可能性を本人以上に信じて関わっている私にとって「ポジティブ」は強みの一つです。

「共感性」「収集心」や他の29の強みについても前掲の本に詳しく描かれていますので、興味のある方は読んでみてください。

誰でも苦手なことを克服するのはなかなか難しく時間がかかりますので、強みを伸ばすほうが加速します。その時、ご紹介したような客観的ツールを使って、まずは自分の強みを知ることが目標へ近づくのに役立つと思います。

過去の経験を掘り下げてみる。

過去に他人から褒められたり驚かれたりした経験はありませんか？
過去の自分の行動に対する他人からのフィードバックを辿ることでも、具体的な長所や強みを洗い出すことができます。特に、褒められたり驚かれたりすることは、周囲の人がやらないようなこと、他の人にとっては大変なことでも、あなたには少ない努力でできてしまうことなので、長所になりやすい部分かもしれません。

Question 06

どんな小さなことでも結構です。これまで続けてこられたことは何ですか？

完璧なタイミングは永遠に訪れない

「いつか起業したい」という台詞をよく聞きます。

3年後に会っても、5年後に会っても、「まだお金が貯まっていない」「今はそのタイミングじゃない」と。

でも、いざお金が貯まっても「時間がない」と言い訳をしています。起業したいと言い続けながらも、何年も言い訳ばかりしている人たちが本当に守りたいものは、〝こんなところで終わるような自分ではない〟という自分の可能性や自尊心かもしれません。完璧なタイミングなんて待っていても永遠に訪れることはありません。まず、最初の一歩を踏み出すサポートが必要です。そこで私は、夢を実現するために今日から始める最初の一歩を決め、夢につながる習慣を得るサポートをしています。

10年前、長男の育児休暇中の時間を活用して、私はレシピ本を出そうと計画をしていました。50もの時短レシピを考案し、器やキッチングッズなど撮影用に素敵なアイテムを揃え、撮影して、原稿も書き上げて、あとは企画を持ち込むだけの状態でした。でも……

〝何者でもない私の本を誰が読みたいというの？〟

〝本を出せるような有名人じゃない〟

と思い、準備万端だったのに、あと一歩、ほんの少しの勇気が足りず、実現できませんでした。

その時の反省を踏まえて、この本は必ず形にする、と自分と小さな約束をしました。そして、

「原稿を4月25日までに必ず提出します」と出版社の方に宣言しました。

〝小さな約束をする〟、この小さな一歩が、過去のような過ちや完璧なタイミングに逃げようとする心から守ってくれたように思います。

Question 07
言い訳をし続けますか？　行動を起こしますか？

「完璧」より「最善」

完璧主義は、時に、自尊心を台無しにします。

完璧であることは不可能なので、失敗するかもしれないという思いがつきまとい、心のエネルギーを下げてしまいます。

完璧主義な方は大切なことを先延ばしにする傾向があります。なぜなら、行動を起こさなければ失敗せずに済むからです。

完璧主義が「幸せ」の邪魔をしていると気づいた私は、自分の中の小さな「完璧主義」と決別したつもりでした。しかし、複数のプロジェクトと締め切りが重なってしまったある年明け早々、いつもは楽しめているはずの自分がプレッシャーで焦ってしまい、自己肯定感も下がり、何も手につかなくなってしまったことがありました。普段は横になればすぐに寝られる私がなかなか寝つけない日が続き、リアルな夢を見るほど、自分でも状況がうまくつかめなくなった時がありました。

〝こんな私がどうして人の前に立てるのだろう？〟と、事業受託先の企業のセミナーに向かう自分にも自信を失いそうになっていることを自覚して、なんとかしなきゃと思い、親友に「私の良いところを挙げてもらえない？」とメッセージを送りました。

親友はすぐに「欠けているところがないよう頑張っているところ」と返してくれました。

その時ようやく、いつの間にか〝欠けているところのないよう、全てを完璧にこなそうとしていた自分〟になっていたことに気がつきました。いつもなら〝挑戦の機会を頂けてうれしい！〟とマルチタスクな状況を楽しめていたのに、かつての〝完璧主義〟の私が顔を覗かせて、心の余裕を失っていたのでした。

親友のメッセージのお陰で、〝たとえ思い描いた通りにいかなくても、一つのうまくいかなかったという経験が得られるだけ〟と気持ちを切り替え、本来の自分にもどり、落ち着いて仕事に向き合うことができました。

完璧主義に息苦しさを感じたら、その完璧主義的傾向について自己否定するのではなく、自分にはその傾向があると認めることが大切な第一歩です。完璧主義の高い理想を捨てるのではなく、全体的な状況を鑑みて、その時の「最善」の判断をしていくことです。

「最善」とは「ある一定の条件下で、最も望ましい」という意味。

「最善主義」は、より健全なかたち。

〝最善を尽くす限り、完璧にできなくてもいい〟そう思えたら、〝失敗しても再挑戦すればいい〟と思え、肩の力が抜けてパフォーマンスも向上しました。

起業も、完璧主義よりも「最善主義」を選んで得られたチャンスです。

私もまだまだ自分の未熟さを痛感することばかりで反省の日々ですが、起業しなければ出会えなかった人たちや機会もたくさんあります。完璧主義に陥って、やらなかった後悔を何度もしてきた分、最善主義で失敗してもチャレンジする自分を誇らしく思えるようになりました。

Question 08 完璧主義に陥って行動を起こせずにいることは何ですか？

ポジティブ思考を選ぶ

働き方やコミュニケーションの取り方が変化する中でイライラしたり、モヤモヤしたり、気分が落ちたり、自分の感情に振り回されているなぁと感じるというお話を聞くことが増えています。

あなたの中に湧き起こる感情は、起こった出来事が引き起こしているのではなく、出来事に対する〝受け止め方〟が引き起こしているという考え方があります。言い換えると、同じ出来事に遭遇しても、人によって受け止め方は変わり、ポジティブにもネガティブにもなるということです。

捉え方を決めているのは自分。

〈私たちが無意識に抱いている「ものの見方」と私たちの感情〉

A＝出来事【Activating events】を、B＝どのように受け取るか（思考・信念・考え方）【Belief】によって、C＝結論（感情・行動）【Consequences】が決まります。これは、アルバート・エリスというアメリカの臨床心理学者が1955年に提唱した「ABC理論」と言われる考え方です。

私はキャリアコンサルタント取得の勉強を通じて「ABC理論」を学びましたが、これをきちんと理解しておくと、いざという時にメンタル面を強く保てるように感じました。

例えば、上司から指摘されたことを「自分がダメだからだ」と考えるのか、「自分は期待されている」と考えるかで、全く異なる結果（感情）となります。

大したことではないのに、不安や心配が影響して、過剰に負の解釈をしてしまい、自分を責めてしまったり、不快になっていたりしたな、と振り返って気づくことはありませんか？　逆に、大変な状況で皆があたふたする中で、自分だけは平気でいられた経験はありませんか？

私たちが日々、対面する出来事は、その多くがコントロールできないものばかりです。ただ、それらの出来事について、どのように受け取るかは、自分の中で土壌をつくることができます。

生き方を形づくる初期設定と言えるような基本的な〝Belief（信念）〟は、その人が育つ環境などからも影響を受けます。また、成長して社会に出てからも、周囲の人々の考えや組織風土、社会的な常識と呼ばれるものに思考は影響を受けます。私たちが無意識にとっている行動や自然に抱いているように思える感情も、自身の信念・ものの見方に影響を受けています。

例えば、「どんな時も頑張らなければならない」というBelief（信念）がある場合、身体がどんなに辛くても深夜まで残業してしまう、ということがあるかもしれません。

Belief（信念・思考）は、成功を手に入れることができたり、自分を鼓舞したりすることにもつながるので、決して悪いことではありません。しかし、自分自身や状況の変化に伴って合わなくなったり、心の状態や心のあり方で反応が異なります。

〈「出来事」と「感情」の間にある「信念」に気づく方法〉

ある日、ふとしたことで、今自分が当たり前のように抱いているBelief（信念）が、「ひょっとしたら、自分を苦しめている原因なのでは？」と感じることが起こるかもしれません。

そんな思いを感じたら、思いやイメージとなる「感情」を紙に書き出します。

これは、文章になっていなくても全く構いません。単語の羅列や絵のようなものでも構いません。難しく考えず、直感的に感じるまま、とにかく書くのです。

なんだか心がモヤモヤして自分自身の感情を理解できない状態は辛いですよね。

だから、自分が悲しいのか、憂鬱なのか、腹立たしいのか、情けないのか、まずは自分で自分に、「今、自分はあの時のことについて、こんな気持ちを抱いているんだよ」と感情と思考を整理してあげます。A（出来事）とC（感情）の把握ですね。

次に、その感情を引き起こした出来事を、できるだけ具体的に書き出します。映画のワンシーンのように、特定の時間の出来事を切り取るイメージです。今度は、感情は入れずに、客観的事実・出来事だけを書き出します。そして、A（出来事）とC（感情）の間にある、「頭に自然と思い浮かんだ考え」を書き出していきます。その出来事が起こった時に頭に浮かんだイメージでいいのです。

書き出した出来事が疑問形なら、言い切り・断定の形に変えてみてください。例えば、「どうして自分ばかり残業を押しつけられるのか？」なら、「自分ばかりが残業を押しつけられる」のような形です。

そうすると、「リーダーは誰よりも働いているべきである」「質問が出ないような完璧な振る舞いをしなければならない」というような、自分を苦しめるBelief（信念）が浮き上がってくるかもしれません。

そんな時は、視点を変えて自分に聞いてみることをお勧めします。

以下に、A（出来事）とC（感情）、そしてB（信念）の整理のためのクエスチョンを用意しました。すぐに答えられない項目があっても大丈夫です。そうであっても、自分のものの見方に気づく過程の中で、今、自分はどんな立ち位置にいるのか確認ができるはずです。

〈AとCの把握〉

Question 09 自分の力だけではどうしようもないことについて、自分を責めていませんか？

〈今、抱いているBの把握〉

Question 10

これまでの経験から学んだことで役に立ちそうなことは？

〈抱いているBに疑念が生じたら〉

Question 11

もしも自分の尊敬する人が同じ立場にいたら、どんなアドバイスをしますか？

Question 12

信頼する人に話したら、どうアドバイスしてくれますか？

Question 13 見逃していることはありませんか？

不安な気持ちの影響でポジティブな捉え方ができていなかった、必要以上に焦っていた、と気づけるかもしれません。

事実というものは存在しない。存在するのは解釈だけである。（ニーチェ）

何を幸福と考え、また不幸として考えるか。その考え方が幸不幸の分かれ目なのである。
（D・カーネギー）

捉え方を決めているのは他の誰でもない自分自身です。
自分を責めていたら捉え方を修正して、ポジティブに捉えることで次へのエネルギーにつながります。

夢や目標はゆるぎないゴールになる

経営学者P・F・ドラッカーの「3人の石工」というお話をご存じでしょうか。

私は20代で起業した時に人財育成でつまずき、経営学の学びを通じてこの話に出合いました。学生にして家族を養えるだけの月給を稼げるようになり、新聞やテレビの出演依頼も増えて、天狗になりかけていた私に、人財育成やコミュニケーションを学ぶきっかけを与えてくれたお話です。

ある旅人が3人の石工に「今は何をしているのか？」と尋ねます。

1人目の石工は「私は生活のために石切りをしている」と答えます。

2人目の石工は「私は町一番の石切りだ」とプライドたっぷりに答えます。

そして、3人目の石工は遠くを見つめながら「たくさんの人が祈りを捧げることができる大聖堂をつくるために石をきっている」と答えます。

「生活のために石切りをしている」と答えた石工は、もしかすると嫌々石切りをしているのかもしれません。俺はこんなところで終わるような男じゃない、本当はもっと良い職に就きたかった、でも生活のために仕方なく石を切っていると思っている可能性もあります。

「町一番の石切りだ」という高いプライドで働く石工は、うまくいった時とそうでない時があり、うまくいかなかった時は感情にムラが出る可能性があります。思い通りに石をまっすぐ切れた時はいいのですが、曲がってしまった時、思い通りにいかなかった時は感情にムラが出るかもしれません。

しかし、「たくさんの人が祈りを捧げることができる大聖堂をつくっている。多くの人が何百年も祈りを捧げ、信仰心を高めることができるような大聖堂をつくりたい」と答えた石工は、雨が降ろうがどんな時も、一つのゆるぎないゴールに向かいます。毎回前向きに仕事に向き合うことができるのです。

行っている作業は3人とも同じです。でも、その作業に対する意味付けや捉え方は全く違っていました。

同じ作業をしていても、その意味が変わってくるのはなぜなのか。その意味が変わってくることで、仕事の質や完成品の効果にどんな違いが出るのか。3人目の石工のように、仕事のミッションやビジョンをきちんと理解してもらえるような関わりを、果たして自分はできているのかと、私は自問自答しました。

全く同じ仕事をしていても、モチベーション高く一生懸命に取り組む人もいれば、要領良く手を抜いたり、楽しい時は必ずいるのに一番大変な時には姿を消してしまう人もいて、なぜ皆がモチベーションを高く保って働けないのかと悩みました。

そこで私は、どのような働き方が自分にも周りにも望ましいかを模索したいと思い、大学4年の冬に、大人数が働く職場でコミュニケーションや人財育成を学ぼうと大手企業への就職活動に切り替えました。その時にご縁をいただいたのが、今の本業の勤務先です。つまずいたからこそ気がつき、考えるきっかけを得られました。

今はいろいろな業態・業種のお客様の現場を見せて頂く中で、生活と密着している職場であるところも多く、きれいごとではすまない部分や難しいことも多いと感じています。しかし、ゆるぎない目標に向かって感情にムラが出ることなく、常に前向きに仕事に向き合える職場にできれば、従業員が入れ替わっても、生産性高く幸せに働くことができ、自然と人財もお客様も集まってくるのだと思います。

人財育成を担わせていただいている経営者の方とは常々、「現場の最前線の従業員の皆さんが3人目の石工のような志で働く組織を作りましょう。そのお手伝いをさせてください」と話しています。

Question 14 今の目の前の仕事にも、その先にも、目標や夢を見据えていますか?

夢を追いつつも大切にしたいこと

私は時折、遠くの大きな喜びを追い求めるあまり小さな喜びを見過ごしていないかな、と自問自答するようにしています。ついそうなりがちな自分を自覚しているので、意識的に自分を振り返っているのです。

幸せとは、目標に辿り着くことではなく、そのプロセスを楽しむことです。幸せは心の状態であって、外的な状態ではありません。

今の幸せを感じる。

自分にとっての幸せとは何でしょうか。
今目の前にある幸せな瞬間を、目を閉じて思い浮かべてみます。
心の中で、できる限り鮮明に再現をして、感じてみます。

Question 15
この瞬間、今持っているもので最大限楽しむなら何をしますか?

コロナウイルス感染症終息後に行きたい場所のパンフレットを集めてプランニングを始める。
そこで見たいもの、食べたいもの、やりたいことをどんどん決めていく。

私は子どもたちと一緒に、はしゃぎながらこんな計画を立てています。まず行きたいのは北欧です。北欧&バルトの各6都市を結ぶタリンク&シリヤラインの船旅で、新鮮な空気と無数の群島の景観を楽しめる、ゆったりとしたクルーズ旅行をしたいものです。子どもも夜遅くまで一緒に楽しめるシリヤラインでの時間が思い出に残っているようです。船内は数多くのレストラン、キッズルーム、映画館、ライブミュージック、カフェ・バーなど十二分に楽しめる造りで、移動時間も無駄にすることなくあっという間にストックホルムへ到着できてしまうのも魅力でした。

バイキング式レストラン「GRANDE BUFFET」では本場の北欧料理を楽しめ、バルト海の海の幸をふんだんに使った料理はどれも日本人の口にも合い、美味しくてお勧めです。

外出自粛期間中にこんなプランニングをしていたら、すでに3回分の旅行プランが出来上がりました。

そして、ポイントはそのあとです。

子どもたちは4回目の北欧をもっと楽しめるようノルウェー・スウェーデン・フィンランドについて自由研究を始めました。歴史好きの息子は北欧の歴史について、雑貨の大好きな娘は花や鳥など、自然のモチーフが多い北欧スタイルのデザインについて調べています。ケシの花をモチーフにしたと言われる「marimekko（マリメッコ）」の代表作『UNIKKO（ウニッコ）』のデザインはどこでどんなアイテムが手に入るのか？　自分の部屋をどう彩ろうかとわくわくし、素敵なものが見つかると「ここも行こうね」とニコニコしながら教えてくれます。

私ももっと現地の方と交流できるよう、探しているものやお勧めしてほしいものを的確に表現できるよう、毎日30分、オンラインで海外の英語講師とつながって、その時のための準備を始めています。昨日つながったセルビアの可愛らしい女性講師もmarimekkoが好きで、子どもたちとの計画を話すと、部屋のあちこちに飾られたコレクションをノートパソコン越しに見せてくれました。一緒に計画を楽しむ子どもたちの瞳もキラキラしています。

これが私の幸せなひととき。大切な人たちと微笑みあっている時こそが、私が幸せを感じる瞬間です。

Question 16
幸せに感じた瞬間を思い浮かべる時、その幸せの「理由」は何でしたか？

命の次に大切なもの

命の次に大切なもの、私にとってそれは「選択をする自由」です。

かつて私には、選択をする自由が失われている時期がありました。

ここで詳細をお伝えすることは控えさせていただきますが、様々な要因が重なり、精神的にも肉体的にも限界を迎え、私の心はまるで鳥籠の中にいるかのような感覚に陥っていたことがありました。あまりのストレスに心が防衛反応を引き起こし、当時の記憶がすっぽりと欠落している部分もあります。

あの頃の私には、正しい選択をする心のゆとりはなく、もっと正確に言えば、「選択をする自由」があるということすら認識できる状況にはなかったのかもしれません。

「Elephant in the room.」という英語の慣用句があります。

ある日帰宅すると、家の中に大きなゾウがいます。でも、家族はそのゾウについて何も触れません。普通、部屋にゾウがいたら、「なんで部屋にゾウがいるの!?」って驚きますよね。でも、誰も何も言わないのです。私にしか見えないの？　何が起きているの？　どうしたらいいの？　と混乱し不安な気持ちになります。

There is a Big Elephant in the room. という英語の比喩表現は、その場にいる人が皆認識しているけれど、あえて触れることを避けているタブーな話題や重大な問題のことを言います。その場で空気感としてそこにあることがわかっていて、本当は誰もが感じているのに、見ないようにして存在自体を無視しようとするトピックがある時に、使う表現です。

実はこれ、職場でも家庭でも起こり得ることなのです。

例えば家庭内では、夫婦や親子の間で触れにくいとても大きな問題が存在している場合、このような状況が現れることがあります。

また、例えば職場でのリーダーの仕事（の一部）は、部下たちが心配している物事に対処することですが、もしも皆が見て見ぬ振りをするような問題（「Elephant in the Room.〈部屋の中のゾウ〉」）があることがわかったなら、リーダーがまず声を上げる人であってほしいものです。

「ここにゾウがいるよ」と声を上げる選択を、あなたはすることができます。もちろん、置かれた状況によってはその選択肢がないように感じられることもあるかもしれません。でも、心の声に耳を澄ませてください。きっと聞こえてくるはずです。声を上げていいのだと。

経営コンサルタントで自己啓発作家でもあるスティーブン・コヴィーさんは自著『7つの習慣』で「選択をする自由は、命の次に大切な恵みなのである。これ以外にないと、私は心の底から確信している」と書いています。

私は、自分が「選択の自由」を失っていることに気がつくまで時間がかかりました。最初は失っていることに気づくこともできませんでした。ですが、いろいろな方々のお力添え・ご恩をいただき、寄り添っていただきながら、少しずつ気づくことができました。そして、時間をかけてようやく動きだし、「選択の自由」を取り戻すことができました。

今、あなたの大切な空間にゾウはいませんか？

「ここにゾウがいるよ」と声を上げることはできていますか？

声を上げるにはとても勇気が必要です。ですが一人で声を上げる必要はありません。私にできることがあれば、微力ながらお力添えをさせてください。あなたは一人ではありません。

命の次に大切なのは選択する自由です。

「今の自分が、過去の選択の結果」ならば、「未来の自分は、今日からの選択の結果」にほかなりません。一緒に「選択の自由」を取り戻しましょう。

Question 17
今、この瞬間、何を大切にしますか？

自分の最も大切な価値観を把握する

喜びや充実感を感じるポイントは人によって違います。人からの評価や他人軸ではなく、自分の心に平和をもたらす価値観が何かを見極めることが大切です。

自分の価値観を把握することで、人生で欲しいものを引き寄せることができるように思います。

私は、自分の人生の最後の瞬間にどうありたいかを考えるようにしています。だから節目節目で自分の「弔辞」を書いています。自分のお葬式に大切な人たちからどんな言葉をもらいたいかを、相手の目線で、自分宛の手紙として書くようにしているのです。

私の父は癌で亡くなりました。私を母親代わりに育ててくれた祖母と、大好きだった叔父・叔母、可愛がっていた従弟は、アイスバーンでスリップしてきたトラックとの衝突事故によって一瞬で命を落としました。

20代前半、人生で最初にプロポーズをしてくれた恋人は、滑落事故で亡くなりました。

人の命は限りがあります。大切な人との関係にいつ終わりが来るかわからないので、後悔のないようにと願いをこめた私の節目の習慣です。

例えば、私自身の葬式で、大切な家族、例えば喪主の息子が参列された皆さんへのお礼と感謝の挨拶のあとにこんな挨拶をしてくれたらと、息子の目線で手紙を書きました。

母は僕たちを女手一つで育ててくれました。自分が苦労した分、僕たちに同じ苦労はさせまいと、勉強して、努力して、何よりも僕たちとの時間を大事にしてくれました。どんなに忙しくても食事に手を抜かず、自然の中での食育を通じて僕たちにいろいろな体験をさせてくれました。何かうまくいかないことがあっても、母に問いかけられると、それだけで心が安らぎました。母は僕らのどんな挑戦も応援してくれました。困難に立ち向かう時には誰よりも僕らの可能性を信じて応援してくれました。

母がそんなふうに僕たちに溢れんばかりの愛情を注ぐことができたのは、きっと、母を支えて下さった皆さんが、母に愛情溢れる関わりをしてくださったからに違いありません。だから僕らは皆さんにこの場を借りて深く御礼申し上げます。

息子はきっとそんな挨拶をしてくれるはずです。大切な人にそのような挨拶をしてもらえたら、私の人生は最高の人生だったと感じながら旅立てます。

そして、手紙を書いたあとは、今、果たして自分がそんな言葉をもらえるような関わりが周りの人たちとできているかを自分自身に問うのです。

親友たちの顔を浮かべておざなりになっていないだろうかと、チームメンバー一人ひとりの顔を思い浮かべて蔑ろにしていないだろうかと、大切な人との関係性を見直すようにしています。

自分自身の人生や組織の未来について、終わりを思い描くことをしないまま日々のタスクに追われてしまうことのないように、人生の終わりの瞬間に家族や友達、大切にしている相手からどんな言葉を贈られたいかを考えています。

自分が一生をかけて一番大切にしたい価値観は何であるのかを考え、大切な人たちとの関係性を大事にするための習慣にしています。

Question 18

あなたにとって人生のゴールはどんなイメージですか？

自分の最後の瞬間にどんな言葉を贈られたら、充ち足りた良い人生だったと思えますか？

第3章　夢加速サイクル

叶えたい夢や目標はありますか？

30代以降の方に「夢は何ですか？」と聞くと、「夢ですか!?」「もう夢を語るような歳ではないので」と驚かれることが少なくありません。

そこで、壮大なものではなくて、〝こうだったらいいな〟と願うことや望むことをもう一度聞き直します。なぜなら、今日は残りの人生で一番若い日。今日の今のこの瞬間が人生で一番若いのです。何かを始めるのに遅すぎることはありません。

私もそうでしたが、歳を重ねるごとに、夢を語ることについて恥じらいを持つ方が多くなるように思います。しかし、今心の中で願っていることや、こんな明日が過ごせたらいいなという身近な願いから順を追って聞いていくと、結構出てくるものです。本当に何も夢がないという方には出会ったことがありません。普段は家族のため、部下のために一生懸命な方ほど、自分のことは後回しにしがちで、自分は何をしたいのか、何が望みなのかを言語化するまでに時間がかかることはよくあります。私のところに来てくださる方の多くが、最初はこう言います。

「今は仕事も家庭も恵まれた環境で、幸せで、これ以上望むことなんてありません」

そのような言葉が出てくる環境はご自身が大切に築いてこられたものなのだと思います。守ってこられたものなのだろうと思います。だからこそ、守りたい、壊したくないからこそ、それ以上欲を言ってはいけないと、望みを心の深いところに追いやっていることも少なくないように感じます。

これまでの成育環境において女性は「女らしく」あることが求められ、男性は「男らしく」振る舞うことが世間から求められるような風潮がありました。

私自身も「女らしさ」を求められることが多く、安易に「わきまえる」ことをせずに自分らしい服装や振る舞いを貫いてきたかと言えばそうではありません。〝本当はこうしたかった〟という気持ちを心の中の箱に大事にしまいこんでいることもありました。

私はまず、心の奥深くにしまいこんだ気持ちを無意識から意識へ引っ張り出すことから始めます。目の前のクライアントの言葉一つひとつを順番に受け止めながら伺います。

「私は母親失格なんです」

「良妻賢母を求められるのが辛いんです」

「ワークもライフも何一つバランスが取れていないんです」

夢としっかり向き合おうとすると、ジェンダーの課題が浮き彫りとなるような状況もあります。代々守られてきたあるべき母親像、美徳とされる良妻賢母のあり方、多くの企業でも扱うようになったワークライフバランスなど、私もそうでしたが、様々な環境、背景が心の重りとなり、迷い悩んでいることもあると感じます。

自分の中に大切にしまわれていた望みや夢が言葉になって出てくるまでの時間は、背景により、人により、異なります。

「明日こそは延長保育になるまでに迎えに行ってあげたい」

「次の休みには一緒にお菓子作りをしてあげたい。週末も仕事に追われて、一度も実現していない」

「昔からお菓子を焼くのは大好きで、いつか小さなカフェを営むのが夢。

でもそれはきっと老後の夢」

クライアントの許可をいただいて例としてご紹介していますが、少し大きめの夢になると、よく持ち出されるのが「老後の」「いつか」という枕言葉です。

「子どもから手が放れたら」「仕事が落ち着いたら」「時間ができたら」

時間のなさや家族を理由や条件にしている限り、「いつか」はいつまでたってもやってきません。

こうありたい生き方を本質的に突き詰めて、今の自分自身を見つめ直し今後の生き方へどう道筋をつけるのか考えます。

逆算思考で夢が叶った状態やワクワクする未来（ビジョン）を具体的にイメージして、それを言葉で表現することからスタートします。

どんな服装でどんな仕事をしているのか。
どんなお客様にどんなものを提供しているのか。
どんな気分で過ごしているのか。

次に、ワクワクする未来や夢に実現したい「期日」をつけます。
「いつか」ではなく、具体的に20××年の○月△日に叶えたいのかを記します。
するとたちまち「目標」になります。

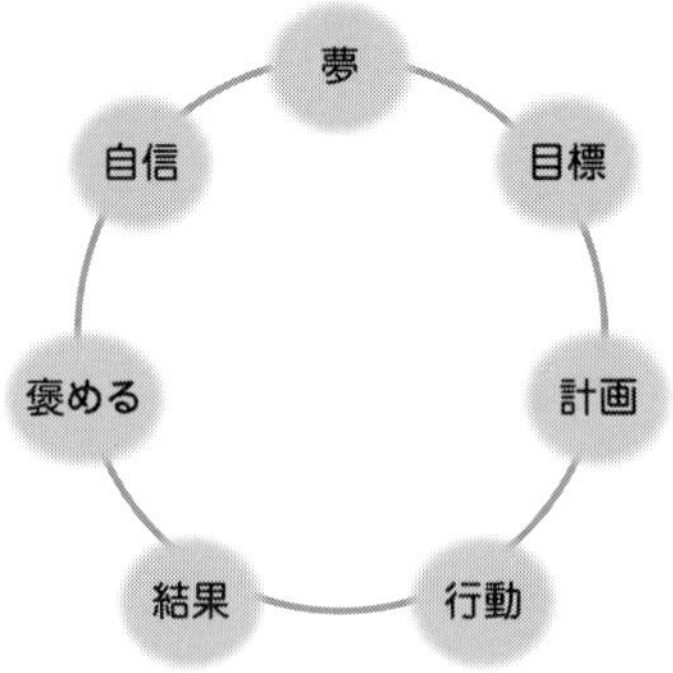

実現のためのＴｏＤｏに落とし込めば「計画」になります。そして、プロセスを楽しむポイントをちりばめながら、夢の実現に向けて「行動」していきます。
「結果」は、良いこともそうでないこともしっかりと向き合って検証します。行動しっぱなしではせっかくの学びの機会を存分に活用できているとは言えません。厳しい現実であったとしてもしっかりと受け止める。そして、どんな結果であれ「褒める」こと。実はこれがものすごく大切です。

難しい目標、チャレンジングであればあるほど、結果も厳しいこともありますが、挑戦した自分をめいっぱい褒めることが大事です。

例えば、10ある計画のうち、たった1つでもできたものがあれば、1つ達成した自分を褒めてあげましょう。1つもできなかったとしても、計画した自分を褒めるのです。

できるだけハードルを低くしておくのが次の挑戦につながるポイントになります。そこから「自信」につながり、次の望みやありたい姿に向けて新たなチャレンジが始まります。

これを私は「夢加速サイクル」と呼んでいます。

小さな夢を1つ実現すると次の夢が湧く。その夢を叶えるとまた次の夢につながる。小さなことから夢のPDCAをぐるぐる回すイメージです。

PDCAとはP＝Plan（計画）・D＝Do（実行）・C＝Check（評価）・A＝Action（改善）を繰り返すことによって物事を継続的に改善していく手法のことです。

目標に落とし込んで行動し、どんな結果も褒めて受け入れて自信をつける。この繰り返しがやがて習慣になります。

私もほんのささやかな夢からスタートしました。大学在学時の起業につながる夢の始まりだったのです。

20代の私の夢加速サイクル

最初は子どもの頃から抱いていたほんのささやかな願いでした。

日本の外の世界を肌で感じてみたい。

テレビで見るような美しい光景の中に自分がいることを夢見ていました。

雲一つない、抜けるような青い空にヤシの木。常夏の楽園にいるかのような高揚感。映画で見たような非日常な街並みを思い浮かべながら立てた「目標」は、飛行機に乗れるだけのお金を貯めることでした。

私は4人きょうだいの母子家庭で、生活費と自分と弟たちの学費を引いた金額を貯金に回していましたが、食べ盛りの弟たちの成長と比例して年々食費が増えていて、貯金に回せる額はスズメの涙ほど。家庭教師、塾講師、居酒屋やビアガーデンでのホールスタッフ、キャンペーンガール、マネキン、とにかく放課後は少しでも時給の良いアルバイトを詰め込みました。

しかし、すでにもらっていた「特待生」の資格を失うわけにはいかないので勉強を蔑ろにできません。アルバイトを数多くやるよりも、一つひとつのクオリティを上げて時給を上げる「計画」を立てました。

家庭教師の仕事で生徒さんやご両親からの信頼を得られるようになると、派遣会社を通すと日程の変更などの融通が聞かないことが多いからと、私を信頼して直接契約のお話をもらえました。結果的に家庭教師の時給が上がり、生徒さんの卒業も合格も一緒に祝うことができました。丁寧でまじめな指導だと生徒さんの親御さんがご親戚の方を紹介してくださり、良い条件で生徒も増えました。丁寧にまじめに取り組むと、良い結果と自信になることを学びました。

行動から生まれる結果と自信。

ビールやワインなどを試飲販売するマネキンやキャンペーンガールのアルバイトもしました。でも最初は売れません。人間より牛の数のほうが多い北海道の地方のスーパーの店頭に立ち、朝9時か夕方5時までワインを販売するのですが、とにかく売れません。広い北海道、スーパーまで数キロメートルもあり、お客様が車を運転して店まで来られるので試飲すらしてもらえません。何度も時計を見て針が進むのが遅いと感じました。売れようが売れまいがもらえる時給は同じ。暇を持てあまして過ごそうが忙しくしようがもらえるお給料は同じです。週末を退屈で苦痛に過ごそうが、学びある楽しい時間として過ごそうが同じ8時間です。

そこで、最初は楽しい時間にしようと目標を立て、お客様とお話しする時間の長さを目標にしました。すると腰の曲がったご婦人からこんな質問をいただきました。

「お姉さんはどんな食べものが好きですか？　若い人の好みはわからなくて」

上京した息子さんが帰ってくると言うのです。中学生の頃から家族の食事やお弁当を作っていたので、私が「こんな料理はどうですか？」と必要な材料や作り方をお伝えすると大変喜んでくださいました。ワインをかかえたご婦人は何度も頭を下げて笑顔でお店をあとにしました。

そこからは、お客様のかごをちらっと覗いて一言添えるようにしました。

「今夜は豚肉がメインですか？　美味しそうですね。ソテーにしたり、ケチャップやソースと絡めて味付けしたりすると、このワインとの相性もぴったりだと思います」

「きれいなヒラメですね。カルパッチョにしたらきっとこちらのワインとの相性もいいと思うんですけどいかがですか？」

「アサリにパスタ麺ということは、お昼はボンゴレですか？　この白ワインをちょっとだけ料理酒にすると格段に美味しくなりますよ。残りもお料理と一緒に味わっていただけます」

来店されるお客様、特に主婦の方はその日の献立を考えながらお買い物をされていることが多いので、その日の献立のヒントになるような情報を添えることで、「買ってください」と直接言わずとも喜んでワインをかごに入れてくださいました。

そうして半日で完売できるようになると、8時間でもらえるお給料が4、5時間で得られるようになりました。

儲けものと思いつつも、それではお給料をもらいすぎで申し訳ない気がしたので、レポートを付けるようにしました。売り上げ実績にプラスして、来店客の属性、年代、お客様がどんな反応をされるのか、自分なりの所感を添えて提出すると、派遣会社から指名料をいただけるようになりました。どんな商品でも他のマネキンさんよりダントツで売れると評判になり、企業（依頼主）から指名が重なるようになったことで、次の週末はどのメーカーの商品を売るのかを決める選択肢を持てるようになりました。

大学で経営学やマーケティングを学んでいたこともあり、実践の場が常にあることも有り難い環境でした。

また、アルバイトでそれまでの倍の金額が稼げるようになり、家計も楽になりました。さらなる学びを求めて留学費用も捻出することができるようになりました。そうやって夢加速サイクルをぐるぐる回しながら、プラスαで稼ぐ計画を練りました。

仲間と分かち合いたい。

授業もしっかり受けながら、貯金もできた自分をたっぷり褒めて、やればできる！

頑張れば自分で海外に行ける！

そんな「自信」を得られた私は念願の初海外行きの夢を達成しました。見るもの・触れるもの全てが美しく、新鮮で、今でもスタンレーパークの光景が鮮明に記憶に残っています。

今では海外経験のある若い人はたくさんいますが、20年前はまだまだ海外を知らない学生が多く、現地で見たもの・感じたことをぜひ皆にも味わってほしいという願いが湧くようになりました。

しかし、どれだけの学生がすぐに数十万円を用意できるものでしょうか。最初に貯めた30万円はバンクーバーでのホームステイと短期留学に使いましたが、当時はまだＬＣＣも存在せず、大手旅行会社のプランで1か月１００万円ほどかかりました。だから私の資金ではどんなに節約しても一度の渡航で滞在できるのは２週間が限界でした。

この時の費用対効果にビジネスチャンスを見出した私は、同じ期間でも大手の3分の1から4分の1の費用で留学できるように海外留学斡旋会社を立ち上げたいという思いが湧き上がりました。

〝感性の豊かな10～20代前半にこの感動を味わえたら、きっとその後の人生に好影響であるに違いない〟

〝同年代の仲間にもこの学びや感動を伝えたい！〟

それが起業につながりました。

起業するにあたって会社のしくみを学ぶため、ベンチャーキャピタルや印刷会社でインターンシップをさせてもらったのも有り難い経験でした。名刺交換の仕方、会食での振る舞い方、ビジネス文書の書き方、ビジネスチャンスの見出し方、郵便一つ送るにもどのように宛名を書くのか、一から学ばせていただいたことをオンタイムで自らの会社のインターン生に共有。受動的に学んだことはなかなか定着しませんが、アウトプットをしたり、人に教えるというアクティブ・ラーニングを実践することで体内化を試みてきました。

ウエブサイトを通じて、オーストラリアでの生活を細部に至るまで毎日更新して発信もしました。現地での食生活、美容事情、教育制度など同年代の関心の高そうなことにトピックを絞り、可愛いコスメのプレゼントキャンペーンなども行うと、日本の同世代の学生からたくさんのエールが届きました。

メルボルンでのホームステイでは、ガーディアン制度と言って現地で暮らすための里親が必要です。私は現地でプライベートスクール（私立の語学学校）と交渉をしながら、自社の顧客へのメリットをできる限り増やし、安心して通ってもらえるサポート体制を構築しました。さらに、留学においてもっと重要なのがホストファミリーです。私自身がホームステイをして、家の事情やホストのお人柄を体感し、生徒さんが安心して暮らせる空間であることを確認しながら信頼関係を築きました。その時にホストマザーに教わったラムシチューは現在の本業でのメニュー開発にも生きています。

ビジョンを描きながら自ら行動するに当たり現地での想定外は山ほどありましたが、ビジョンがブレなければ心が折れることもなく、夢に向かって困難も乗り越えられると実感してきました。

結果、会社を支えてくれる仲間も増え、自社を利用して留学から帰ってきたお客様からもうれしい言葉をたくさん頂戴してきました。

「同世代のあなたがやっているから行きたいと思った」

「ちひろさんのウエブサイトを見せて親を説得しました」

等身大でありのままの情報を発信できたことも同じ立場の学生さんの共感につながったのだと思っています。

学生時代最後の夢加速サイクル。

順調に楽しく働いていましたが、私も学生だった仲間たちも卒業が近づいてきます。そこで、人財育成やマネジメントで躓いた私は、責任を持って仲間の人生を背負えるような器にまず自分がなるイメージを夢に掲げ、人材育成やコミュニケーションを学ぶためにしくみが整っている大手企業への就職に切り替えました。

その際に企業選びの3つの指標を設けました。

自分の感性が活かされる会社であること。

早い段階で人とのコミュニケーションを多くとれる職種に就けること。

直属の上司に度量がありそうなこと（これを少しでも知るためにOB訪問もたくさんしました）。

興味関心のあるあらゆる分野の100社のCSRレポート（社会環境報告書）を取り寄せ、中身をじっくり読んで、そのうちの50社へエントリーしました。最終面接の日程が重なるようになってくると、その企業のサービスや製品に一人の客として向き合ってみて、行けるところは現場に足を運び、肌と直感で〝ここ〟という確信が持てるまで動き回りました。

創業者がどんな土地で何を見て何を感じてこの生業をおこしたのかを徹底的に知ること、創業者の足跡辿りをしたことで、企業への理解が深まるだけでなく、自分がどれだけその企業の営みや商品に熱くなれるかを知ることができました。

その結果、いくつもの内定をいただくことができ、自信につながりました。

リクルートという会社の人事担当の方からは「君は極めて嘘をつくのが下手な人間だと思う。君の人間性は好きだが、君はこの会社のしくみに人一倍葛藤するだろう。君の苦しむ姿を見続けながらは一緒に働けない」と唯一、次に進めていただけなかった会社です。そこまではっきりと言われるとショックでしたが、飾らずに、正直に向き合った自分を褒めてあげることにしました。

新入社員時代の「3つの視点」の習慣。

就職して初めての東京暮らし。私が社会や会社に馴染むためにはじめた習慣は、「一日15分を使って、会社の3つの階層の視点で自社を眺めること」でした。その視点とは、(1) 社長の視点、(2) 部長の視点、(3) 課長の視点です。この習慣の背景には、私が新人の頃、抱いていた目標がありました。その目標とは、「2年目最終日までに、入社5年目の先輩よりも自社のことを知り尽くして人に説明できるようになること」です。ある日、偶然にも転機が訪れました。新入社員が上司に対し、自社の分析レポートを提出する課題が課せられたのです。私は「15分ルール」の習慣を毎日、心掛けていたおかげで、上司が「これは新入社員の視点ではない」とレポートを人事に上げてくださいました。また、さらに思いがけなかったことに、人事

〈夢加速サイクルメモ〉

コンセプトレベル	
夢	今はまだ人の人生を背負える器ではないが、人の希望を先導できる人間になりたい
目　標	人材育成とコミュニケーションを学ぶために就職する
計　画	自分なりの3つの指標で就職先を選ぶ
実　行・継続レベル	
行　動	100社の社会環境報告書を取り寄せて研究。創業者の足跡辿り
結　果	志望企業からの内定
褒める	飾らずに正直に向き合った自分を褒める
自　信	進めばいいわけではない。自分に合った企業を選ぶ大切さ

の担当課長も、それを当時の社長にお届けくださったのです。有り難いことに、新入社員のレポートが社長の手元まで届いたことで、2年目の秋には本社コーポレートブランド戦略室に抜擢されました。抱き続けていた目標と習慣が、実際に形になっていくような実感がありました。全社の情報が集まるその部門でインナーコミュニケーションも担当することになったことで、2年目の終わりを期日とした目標も達成できました。

今の夢加速サイクルは、過去のサイクルと連鎖し、未来に繋がっている。

新入社員だった私が習慣を持ち続け、それを実際に認めてもらえる会社に入社できたことは、私の学生時代の夢加速サイクルからも影響を受けていると感じました。就職活動時の私の企業選びの視点は、〝自分の感性が活かされる〟〝早い段階で人とのコミュニケーションを多くとれる職種に就ける〟〝直属の上司に度量がありそう〟というものです。かつての自身の考えは間違いではなかったと実感できました。学生時代の私もまた、サイクルを回していて、新入社員の時の私に良い影響を連鎖してくれたのです。こうして私は、その時目の前に広がる環境や状況に対して、これは良さそうと思うことを毎日の暮らしに1つだけ取り入れながら夢加速サイクルを回してきました。これまでの私の夢加速サイクルは、今の私にもつながっています。例えば、今回のコーチングを軸とした起業に際しても小さなステップを踏んでいます。この試みは、学生の頃の起業時ともつながっています。当時はたくさんの方にお世話になり、私の可能性を信じていただき、チャンスをいただいたおかげで今の私があります。また、夢加速サイクルはさらに、周囲の方々とのつながりももたらしてくれると実感できます。私が今、作り出そうとしている習慣の背後にある目標は、〝家庭にも職場にも自分自身の中にも、自分の可能性を信じてくれる応援者がいる社会を創りたい〟〝夢を実現するための資源は全て自分の中にある。誰もがそう思える社会を創りたい〟というものです。与えていただいたご縁やチャンスを社会にお返しすること、ペイフォワードすることが自分の使命だと感じています。私は今も、夢加速サイクルの循環の真っただ中にいます。

Sincerite開業の夢加速サイクル。

〈夢加速サイクルメモ〉

夢　：〝夢を実現するための資源は全て自分の中にある〟と誰もが思える社会を創りたい

目　標：誰もがより豊かな人生を楽しめるように美習慣コーチング®で支援する

計　画：キャリアコンサルタント・コーチング・美容の資格と経験をもとに起業する
　　　これまでのご恩をペイフォワードする

行　動：ニーズ調査、ワークライフとして取り組んできたネットワークを通じて取り組みを紹介する

結　果：「千尋さんがやるならすぐに受けたい」と開業前から申し込みが入る
　　　応援してくれる人たちに恵まれる
褒める：できるだろうかと不安で臆病な自分に打ち勝って、
　　　〝周囲に計画や思いを伝えられた私って素敵！〟
　　　と自分に向かってつぶやく
自　信：私にもできる、私を必要としてくれている人がいると思えることが自信になる

一つ前の夢習慣が次のサイクルを生み出し、このように夢加速サイクルを実践して、今の私があります。

私自身を事例として見立て、キャリアコンサルタントとして１０００人以上のお客様と向き合ってきた中で生み出したセオリーがこの夢加速サイクルです。

ポイントは「楽しみながら」やること。

眉間にしわを寄せて苦しみながら、ではありません。つまずく時もありますが、口角を上げながら、心の中でスキップをするように前へ進んでいくイメージを持つようにしています。

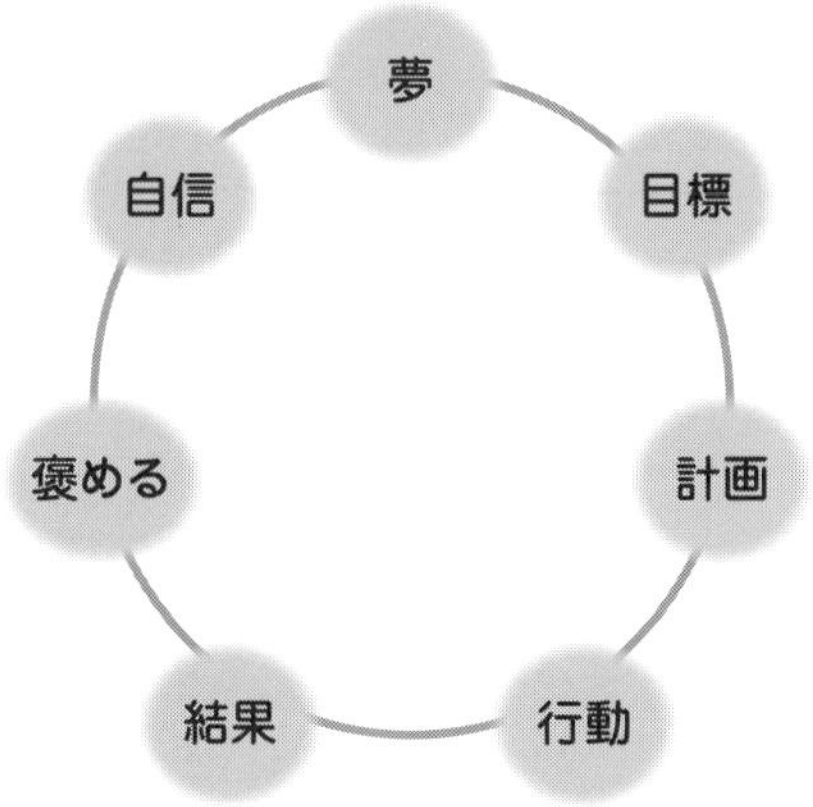

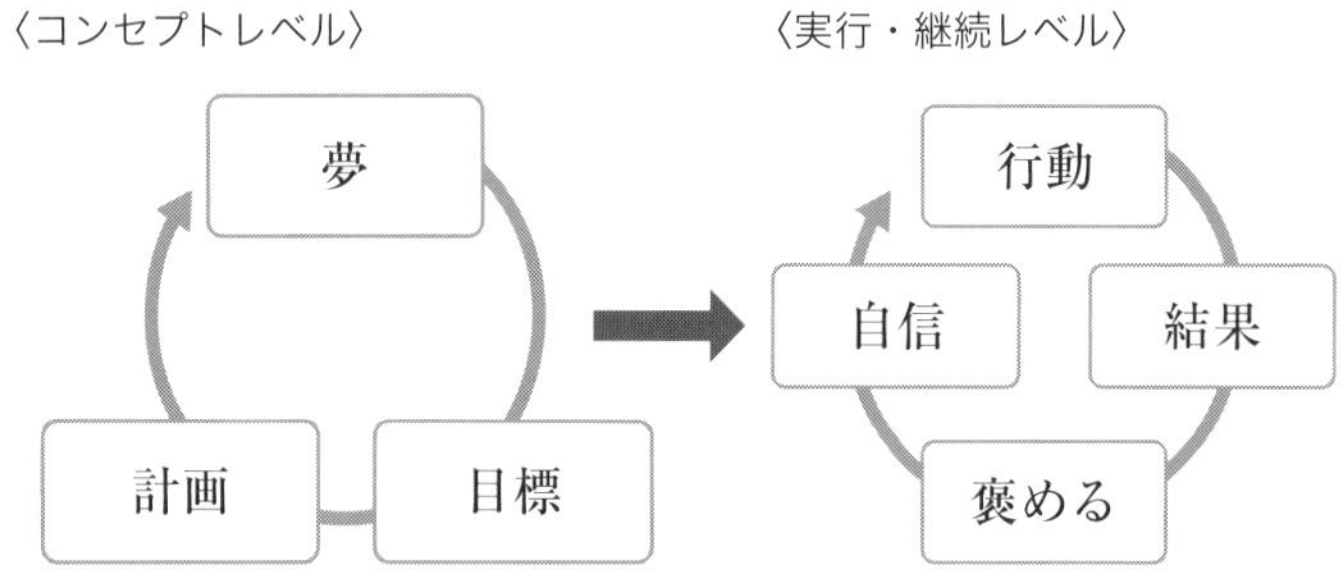

夢加速サイクルは「コンセプトレベル」と「実行・継続レベル」の2段階で捉えることもできます。実行が伴ってくることで、さらに夢を持ち続ける動機が強まることを実感してきました。

夢を加速するワークシート

私は、夢加速サイクルを回す上で大切にしている自分との問い＝セッションでのクライアントへの問いをワークシートにしています。

このワークシートを実践する時に大事なのは、本当の気持ちを書くことです。本当の自分にしっかりと向き合って本音を書いてみてください。

最初は本音を書くことに抵抗を感じる方もいます。そんな時はワークシートの余白に、〝なぜ抵抗を感じるかというと…〟と「書けない自分」についての理由を書き出してみることをお勧めします。

本当の自分を書いているうちに、それまでは無意識だったいろいろな思いが溢れ出てくることもあります。その思いを書き続け、ワークシートに残しておきましょう。

1．心に少しでも浮かんだ夢や目標、妄想も含めて全て書き出してみましょう。

この本を手に取った瞬間に浮かんだイメージや期待はどんなものでしたか？

この本を手に取ってくださったあなたはきっと実現したい夢があるはず。

まずは心にどんなイメージや期待を抱いているかを客観的に見つめてみましょう。

自分の中にどんな願望があるのか、自分のありたい姿や現在地、本気度を知るきっかけになるかもしれません。思うままに書いてみてください。


〝願わないことは叶わない〟

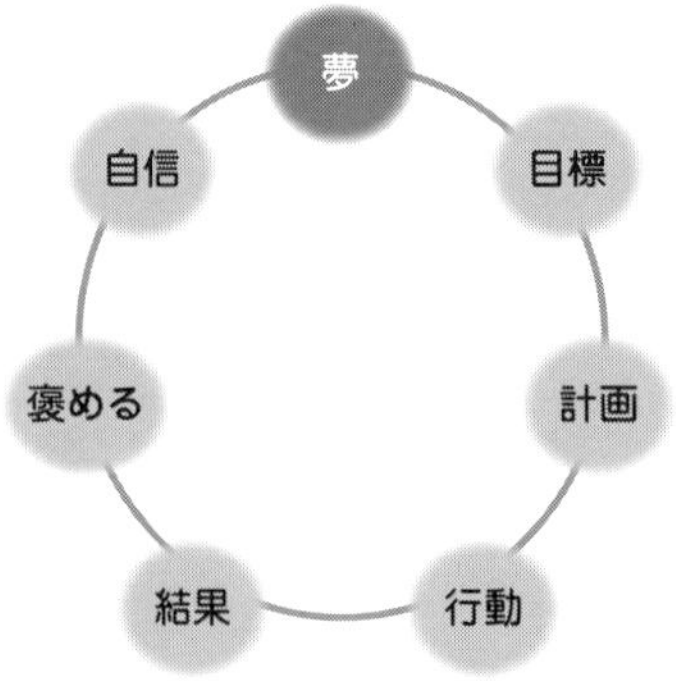

2. 浮かんだイメージを「名詞＋動詞」の形で実現できそうな言葉に落とし込んでみてください。

［例1］
イメージ　：もう少し安く気軽に海外に行けたらいいのに。自分の体験や感動を大切な仲間に届けたい。
名詞＋動詞：学生がアルバイト代で機会を得られるくらい安く行けるプランを考えてみる。
名詞＋動詞：海外事情に詳しそうな人に海外留学の現状を聞いてみる。

［例2］
イメージ　：スリムになった美しい身体。せめてあと3キロ痩せられたらいいのに。
名詞＋動詞：何かを口にする時にはスナック以外のものを選ぶ。
名詞＋動詞：まずは情報を収集する。栄養があってお腹の膨れる食材（豆やきのこ、ゴボウなどの根菜）をストックする。

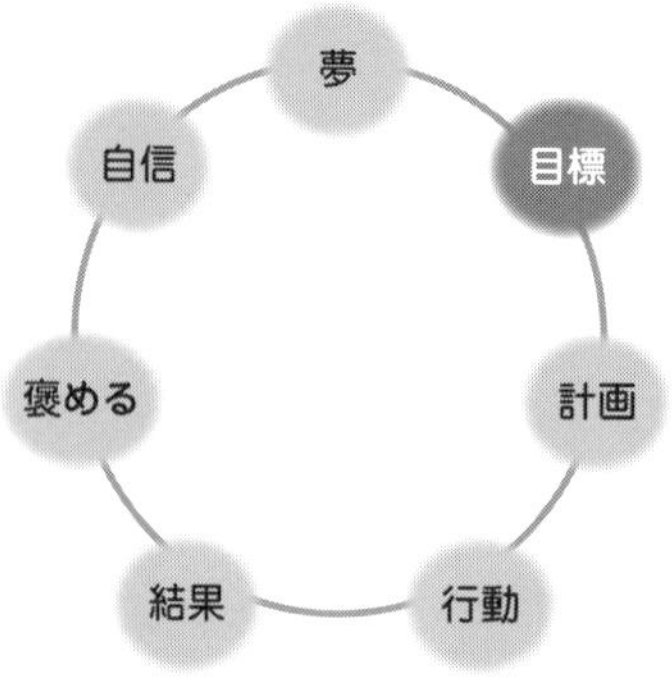

3．夢に期日をつけるとしたら？

「1」で挙げた夢に期日を付けると目標になります。いつか叶えばいいな、のままでは大半が叶いません。義務は生じませんので、安心して書き込んでください。

[例] ハワイに行きたい

・ホノルルマラソンに出る（2023年12月13日）

・そのためにまずは渡航費用を貯める

完走できるように、まずは今週末から1キロメートル歩く。

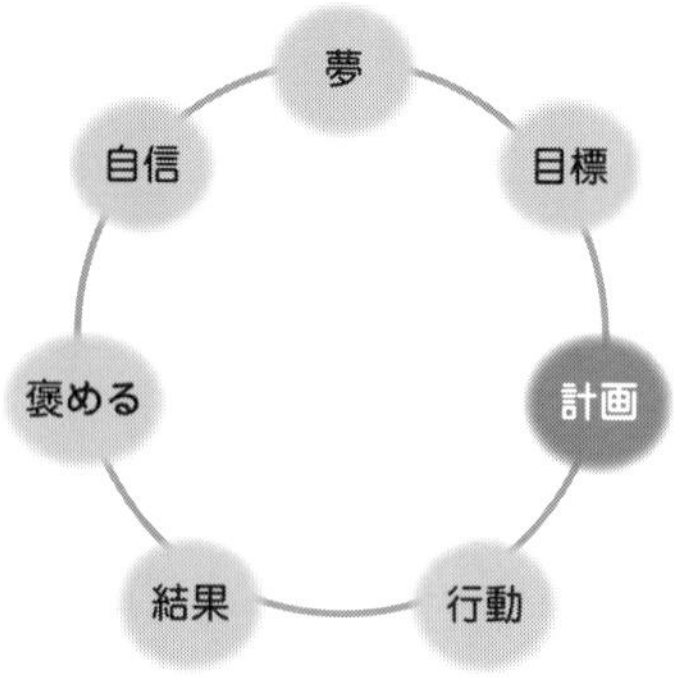

4．その第一歩を踏み出します。まず、この1か月で達成したいことは何ですか？

この1か月のストーリーを描いてみましょう。あなたの夢に向かって一歩一歩、歩みを進める大切な30日間です。30日後の自分が笑顔でいられるように、まず今週のやりたいことから書いてみましょう。

1週目：

2週目：

3週目：

4週目：

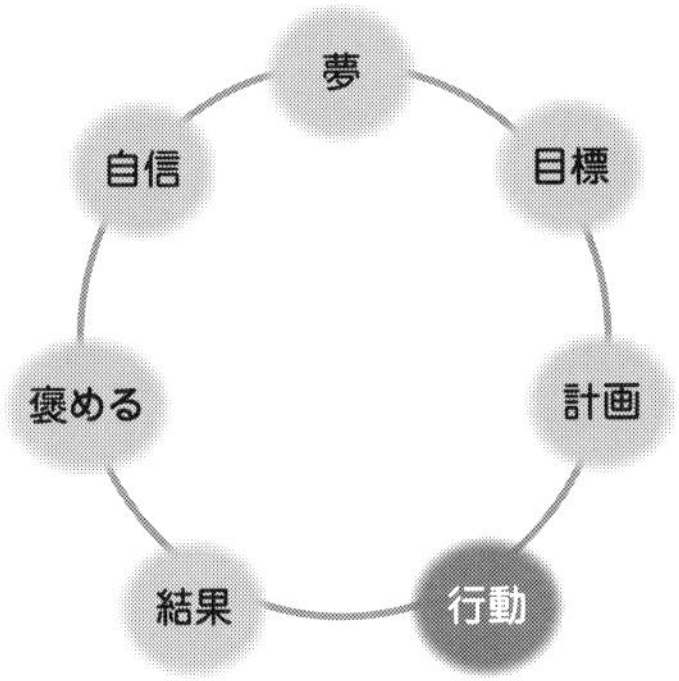

5．目標に向かって最初の一歩を。ほんの少しでいいです。まず今日は何から始めますか？

目標は自分でコントロールできるものとできないものがありますが、コントロール可能なものは何ですか？

［例］手帳に記入する。SNSで宣言する。参考書籍を読む。詳しい人に聞きに行く。ｅｔｃ．

6．夢に向かう途中に立ちはだかる最大の壁は何ですか？

もしもモヤモヤしたまま進めないでいる自分がいたとしたら、それは課題を正しく理解できていないか、明確になっていないのかもしれません。「本当に自分にできるのか？」「もしできなかったら……」と不安や迷いが生じていたら、壁になりそうなものを全て書き出し、乗り越える方法を考えましょう。曖昧にしたままの不安がその壁を大きく見せていた、ということもあるかもしれません。

7. あなたの目標達成に欠かせない人を3人思い浮かべてください。

家族かもしれませんし、上司や部下かもしれません。この人の協力が得られたら何かが変わりそうと感じる3人は誰でしょうか？　その3人に連絡（メール・手紙・対面等）を取る日を決めるとしたらどの手段を選びますか？　自分だけでなんとかしようとしてもどうにもならないこともあります。人脈や人間関係の力で壁を乗り越えるとしたら誰に協力を求めますか？　または誰との関係を良くすることで目標達成に一歩近づけるでしょうか。

8．今、モヤモヤしていることを全て書き出してみましょう。

書き出すことでモヤモヤしている状態を俯瞰し、モヤモヤの感覚から抜け出すことができます。

「人の前で愚痴は言わない」と決めているあなたも紙に書き出すことなら安心してできますね。

9．心の状態を良くするものは何ですか？

何か事に当たろうとする時、自分の心の状態が良いことは、本来の力を発揮するのに必要なことです。心を癒やすために、ストレス発散するために、あなたにとっての良い方法は何ですか？

［例］スイーツを食べる。ジョギング。ヨガ。自然の中で過ごす。etc.

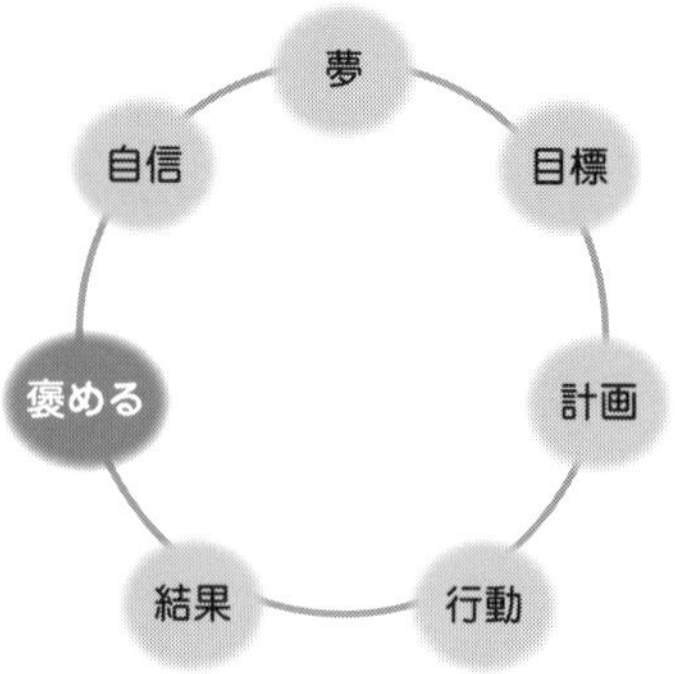

10. そもそも、その夢を抱いたきっかけは何ですか？

一生懸命に取り組んでいる時は視野が狭くなりがちです。できない自分を責めたり、楽しそうな人をうらやんだりしてしまう前に、少し引いて俯瞰してみませんか？

11. 今、心から楽しんでいますか？

胸に手を当てて正直に答えてみてください。楽しむ視点を持てているかどうかは大切なことです。

もしも楽しめていないとしたら、今の見方・捉え方をどんなふうに変えたら楽しめそうですか？

12. 隣にもう一人の自分がいたら、あなたにどんな言葉をかけますか？

褒め言葉とアドバイスの両方書いてみましょう。

13．これまで言われた言葉でモチベーションが上がった言葉は何ですか？

言われてうれしい言葉、元気が出る一言は人によって異なります。あなたの魂を揺さぶる言葉は何ですか？　それらの言葉を自分自身にかけていますか？　自分を応援するための言葉を持っておくと心の状態が乱れた時、もう一息気合を入れたい時、自分をモチベートしたい時に役立ちます。

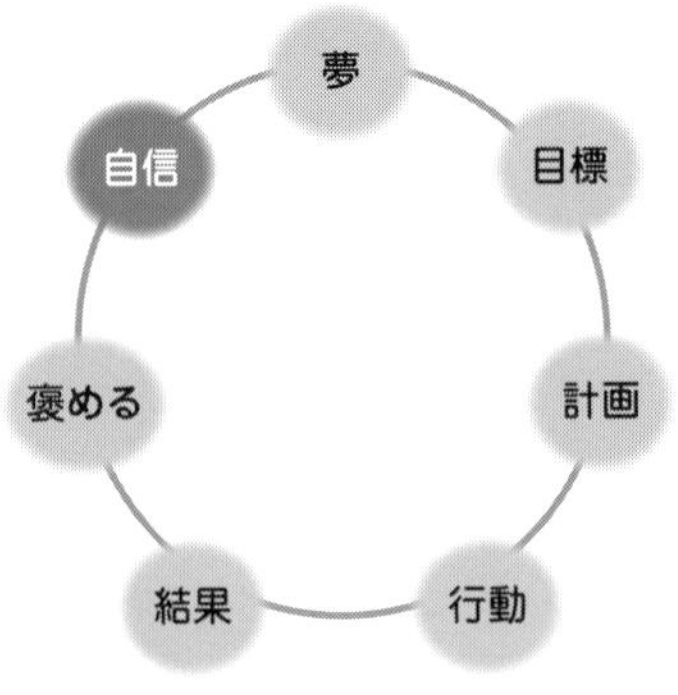

14. ロールモデルにしている人を思い浮かべてください。その人のどんなところが好きですか？

あなたが憧れている人の好きなところ、それは「あなた自身の才能」かもしれません。

［例］Yコーチ：どんな思いも言葉にできる。

Aさん　：どんなことも深い愛で包み、受け入れるところ。

15．あなたが夢を叶えたら、誰の笑顔が浮かびますか？　どんな人の希望になれるでしょうか。

自分のためだけに頑張るのでは、今以上の力が出ない場面もあるかもしれません。あなたの頑張りが誰の笑顔につながるのか考えてみましょう。誰かの役に立ちたい、社会に貢献したいという思いの強い方は誰かの光につながることで、より一層エネルギーが湧くかもしれません。

16. 夢の実現に向けて誰に何と宣言しますか？

人に言うとあとには引けないという効果があります。

ワークシートの各項目にしっかりと向き合うことで、夢を加速させ、目標達成をより確実なものにしていくことができます。

Question 19

ここまで書いていただいたワークシートの回答のしっくり度は何%ですか？

もししっくり度が低くてもダメということではありません。それが今のあなたの現在地です。地図でも目的地だけではなく、現在地がわかって初めて到達するまでのコースを描くことができます。

しっくりするまでぜひ繰り返し自問自答してみてください。

書き出した〝自分の今の状態〟を見ながら思考の整理にお役立てください。


私は誰かの役に立ちたい、貢献したいという思いが強いほうなので、特に「15．あなたが夢を叶えたら、誰の笑顔が浮かびますか？　どんな人の希望になれるでしょうか。」という問いが夢の根源にあり、それを深掘りすることがエネルギーになってきました。

私にとっては母の笑顔が最初の夢の根源でした。

女手一つで髪を振り乱しながらも私たちきょうだい４人を育ててくれた母が、ある日テレビを眺めながらこうつぶやきました。

「一生に一度でいいからここに行ってみたい。ここで後ろ向きにコインを投げられるような日が来たらもう死んでもいい！」

テレビではイタリアの特集が放映されており、美しい街並みとトレヴィの泉が映っていました。

24歳で私を産んでくれた母は北海道から出たことがありませんでした。海外なんて遠い夢物語と言っていた母が、死んでもいいと表現するほど海外に行くことを夢見ていたことをその時初めて知りました。

母の料理の工夫とやりくりのおかげでひもじい思いをしたことはありませんが、私自身、子どもの頃は修学旅行以外で旅行に行った記憶はありません。子どもながらも母をいつか海外に連れていくことが夢になりました。

大学では母に外国を案内できるよう、英会話のテープ起こしのアルバイトをしたり、留学生に英語も使って日本語を教えるアルバイトもしました。

そうして8つのアルバイトをかけもちしながら貯めたお金で母を海外旅行に誘いましたが、「まずはしっかりと自分が英語を身につけてから誘ってちょうだい」と断られてしまいました。

ようやく貯めたのに、と悔しい気持ちでしたが、今思うと、勉強にも手を抜かずに、向上心を燃やして毎日アルバイトに励む私の学びの機会を阻むまいという母の思いだったのだと思います。

その後も私は語学力をつけるためバンクーバーとロサンゼルスでの短気留学を経て、海外留学斡旋会社を立ち上げてメルボルンで働きます。しかし、母を招いてもやはり来てくれませんでした。

その時は「何も知らない田舎者の母親がふらっと行って娘の荷物になりたくない。邪魔をしたくない」、そう叔母に話していたことをあとから知りました。

安全な旅行の術は身に着け、お金も貯まった。観光案内できるだけの語学力も身に着けた。なのに、母は来てくれない。これ以上何が足りないのかと悩みました。そして、母の視点で考えていなかったことに気がつきます。

母は望みを我慢することが当たり前になっていたのです。

就職して最初に会社からいただいたお給料で、思いを添えて〝娘のガイド付きイタリア旅行〟を母にプレゼントしました。

「私がここまでこられたのはお母さんのおかげだよ。お母さんをイタリアに連れて行ってあげたい一心で頑張ってきたよ」

そう伝えると母はようやく私のプレゼントを受け取ってくれました。ローマ、ヴェネチア、フィレンツェ、ミラノ、ロミオとジュリエットが好きな母のためにヴェローナにも行きました。母が友だちから聞いて一度は食べてみたいと言った「アフォガード」の味まで鮮明に覚えています。母にとって生まれて初めての海外でした。私はその母のお陰で、海外で仕事ができるだけの度胸がつきました。

Question 20
あなたが夢を叶えたら誰の笑顔が浮かびますか？　どんな人の希望になれるでしょうか。

第4章　心を豊かにする美習慣

毎朝30分のジョギング習慣

私は毎朝のジョギングが習慣になって20年以上になりますが、今はほぼ365日欠かさず走ります。走らないのは海外への飛行中、陸に足がついていない時くらいです。雨の日も、雪の日も、国内外の出張先でも走ります。習慣になってしまえば大変と感じる余地もなく、いつでもどこでも走れるようになります。

そこで〝走ることを習慣にする7つのメリット〟をご紹介します。

メリット1　自分に謙虚になれる

年を重ねるほど、経験や自信が蓄積されるほど、自分に対して謙虚になることは難しいと感じています。

自分の体力や能力を過信し、無理をしすぎてしまうこともあります。自分に鞭打つあまり、自分の心に素直になれない時もあります。でも身体は正直なものです。

〝今日はいつもの折り返し地点に辿り着く前に息が上がってしまったな〟

〝昨日に比べて今日は少し身体が重く感じるな〟

〝昨日のようなペースで働くと今夜は間違いなくバテてしまうかもしれない〟

走ることで自分の身体に耳を傾けることになり、ちょっとした変化、ホルモンバランスの変化も逃さず気がつくことができます。どんな人も24時間365日、常に最高の状態であるとは限りません。

無理しすぎて身体を壊したり、怪我をしてしまう前に、走ることで〝自分の身体の小さな変化〟にも気がつきやすくなれます。

比べる対象は、他の誰でもなく過去の自分であり、今の自分を見つめる機会にもなります。自分の状態を正しく知ることで、仕事でもプライベートでも最適な選択ができ、最高のパフォーマンスが発揮できると思うのです。自分を知る機会はコミュニケーションを仕事にしている上でもとても大切なことだと感じています。

メリット2　免疫力が上がる

スポーツはやはり身体的メリットが大きいと実感しています。ステイホームでも体型維持のために運動は欠かせませんね。

走ると血流が良くなり、血液中の免疫細胞の働きが活性化します。免疫細胞の働きを低下させるストレスホルモンが、走ることによって減少するというメカニズムに基づきます。有酸素運動を定期的に行うことは、生活習慣病の予防にも役立つのです。

ちょっとした自慢ですが、私はインフルエンザにかかったことがありません。学級で流行っていた時も、家族がインフルエンザA・Bと立て続けにかかった時も私だけはかかりませんでした（おかげ様でしっかり看病してあげられました。母親が無事であること、家族全員が倒れてしまわないことは大事だと実感した次第です）。

ジョギングをしていれば決してインフルエンザにかからないわけではありませんが、きっとジョギング習慣によって高められている免疫力が風邪や病気からも守ってくれているのではないかと感じています。

メリット3　基礎代謝の向上

基礎代謝というのは何もしなくても消費されるエネルギーのことです。基礎代謝は一日のエネルギー消費の60％ほどを担っています。走ることは下半身の筋肉を動かし、鍛えることができるので、筋肉量の増加により基礎代謝の向上にもつながります。私は妊娠期間を除いて20歳の頃から体重がほぼ変わっていません。

基礎代謝が向上すれば痩せやすくて太りにくい身体作りができます。これはダイエット後のリバウンド防止にもつながります。

ダイエットは「運動中にカロリーを消費する」ことだけを考えるのではなく、「基礎代謝を上げてトータルでカロリー消費量を上げる」ことを念頭に置いたほうが効率的です。

基礎代謝の20％ほどが筋肉で消費されるので、筋肉をつけることで基礎代謝も上がります。ただゆっくりジョギングするだけよりも、アップダウンのあるコースを走ったり、ペース走やインターバルで筋肉に刺激を入れたりするほうが効果は上がります。

私は平日のロードに加えて、週末にはトレイルランニングを組み合わせ、日頃使わない筋肉も適度に動かすようにしています。

朝4時起きで日の出に合わせて山頂まで駆け上がり、朝日を眺めながらいただく朝のコーヒーは格別です。

メリット4　比較的コストがかからない

他の趣味やスポーツと比べて、ジョギングはコストが安いことが挙げられます。

運動ができる服とシューズさえ揃っていれば、0円で始められます。専用のウェアやシューズを買わなくても、Tシャツやジャージ、スニーカーがあれば十分。あとはいくら走ろうともタダです。

家の中で黙々と身体に負荷をかけ続けるのは、心も身体も辛くなってしまいますが、お金をかけず、身体を動かす趣味を楽しみたい方にもジョギングはお勧めです。

自宅の周辺をゆっくりでもいいので走ってみましょう。

ジョギングを趣味としている人は多く、走っていると他のランナーに出会うことがあるかもしれません。

すれ違うランナーとすれ違いざまに挨拶を交わしたり、近くを走るランナーを見ると、自分も「頑張ろう」というやる気が出てくるものです。

メリット5　時間と場所に左右されにくい

ジムのようにマシンが必要なわけでも、予約の必要もなく、好きな時に好きなところで実施できます。

私が好んで走る早朝の時間帯は車もほとんど走っていないので、澄んだ空気の中で思いっきり深呼吸することができます。夜は会食で予定の入ることが多いので、継続性の観点からも必ず確保できる朝の時間帯を選んでいます。
出張用スーツケースにも必ずシューズとTシャツ一式が入っています。旅先での早朝ジョギングはその町の息遣いが感じられ、楽しみの一つです。

高知県に出張した時、たまたまイベントと重なったことがありました。よさこい祭りの翌朝には、祭りで踊り明かし飲み明かして燃え尽きた男性の皆さんがあちらこちらで寝っ転がっていました。前夜にどれほど白熱したのかを垣間見られたのも楽しい思い出です。
岐阜の郡上八幡では、早朝から地元の女性の方々が朝の挨拶を交わしながら水路で野菜を洗ったり、洗濯をしたりしている姿を見ることができました。その土地ならではの様子、働く姿を眺めながら走るのも醍醐味です。

ジョギングはたいていどこででもできるので、旅先を走って巡るのも、その土地の良さを効率良く体感できるメリットがあると感じています。

メリット6　気分リフレッシュ

想像してみてください。緑が生い茂る森、小鳥のさえずりやアカゲラが遠くで木を叩く音、澄んだ空気を深く吸い込みながら走る自分の姿を。

毎朝、都会と自然がバランス良く配置された美しい街並みを走っています。

私は、今は街中に住んでいるので、毎日森の中とはいきませんが、緑を求めながら走っています。

走り始めた頃からジム（室内）ではなくロードを走るようにしていました。

季節の移り変わりやその日の天気・気温、いろいろなことを敏感に感じ取れてリフレッシュ効果が高いからです。


春～秋には沿道の花や草木を愛でながら、長い冬を乗り越えた蕾に苦しい時は自分を重ねて、〝その分華やかに開きますように〟と祈りをこめ、愛でながら走ります。

冬はまだ暗いうちに走るので月に照らされた雪灯りを眺めながら走ります。早朝の澄んだ空気の中、朝日や小鳥のさえずりに一日のエネルギーをもらっています。

長時間屋内にいると思考も停滞しがちですので、煮詰まった時には少し走ってみるのも良いかもしれません。


特にこれからジョギングを始めたいという方は、天気のいい日に郊外の公園や河川敷など自然を感じられるところから始めるのもお勧めです。

張りきりすぎて無理をせず、〝気持ち良い〟と感じる程度が良いと思います。その感触を残していくのが継続のコツでもあります。

メリット7　自信がつく

ジョギングを続ければ続けるほど、身体は引き締まり、鏡に映るボディラインに変化が見られるようになります。

走れる距離は伸び、タイムは縮まります。数値で見える形でタイムが縮んでいきますので、客観的なデータという裏付けを持った成長を感じることができます。この効果は大きいです。どんどん自分が成長していくのがわかるのです。特にマラソンを完走した日には強烈な自己肯定感が生まれます。

私自身、2キロメートルも続けて走れなかったところから始めたので、初めてフルマラソンを完走できた時にはものすごい自信になりました。もちろんそれまでには何年もかかっています。ようやく2キロメートルに慣れてきた頃に3キロメートルを目指し、3キロメートル走ってもしんどくならなくなった頃に次は5キロメートルを目指し、疲れたら無理せず休むようにしました。そうやって少しずつ距離を伸ばしてようやくのフルマラソンだったのです。そこからトレイルランニングやボルダリングなどにも幅を広げ、仕事ではプロジェクトリーダーにも手を挙げられるようになり、起業だって、何だってチャレンジできるようになりました。

苦しくてうまくいかなかった経験が多いほど、〝あれを乗り越えられた私だから大丈夫〟と自信になります。

自信がある人は魅力的に見えますよね。
自分に自信がない人は自信のない行動をします。
自信のある人は自信のある振る舞いをします。
思考と行動はお互いに連動するからです。

思考が変わると言葉が変わり、
言葉が変わると行動が変わり、
行動が変わると習慣が変わり、
習慣が変わると人生が変わる。

だからコーチングで思考と言葉に問いかけ、習慣に違いを起こしたいと思い「美習慣コーチ®」の仕事を始めました。

毎日の習慣はより豊かな暮らしにつながります。
まずは無理なくできるところから始めてみましょう。

UNDER
ARMOU
JAL
28586

起床直後の習慣　白湯を飲む

白湯は健康や美容にとても効果的で、かつリーズナブルな方法で健康管理ができるので多くの人に人気です。特に朝起きて朝食を取るまでの間に1杯の白湯を飲むことは、様々な効果があります。まずは身体を温めてくれます。身体を温めることは私たちの健康のためにとても大切なことで、次の効果があります。

・基礎代謝を良くする　・便秘解消になる　・デトックス効果がある　・目覚めを良くする

朝白湯を飲むことは基礎代謝を良くするメリットがあります。夜寝ている間、胃腸などの内臓の温度は下がり全体的に基礎代謝も低くなっていますが、白湯を飲むと胃腸が温まるのです。

朝温かい飲み物を飲んだ瞬間に、温かいものが胃に広がっていく感覚を経験されたことはありませんか？　あれが胃腸を温めている感覚です。

では、胃腸が温まることと基礎代謝はどう関係があるのでしょうか。

胃腸を温めることで全身の血行が良くなり、下がっていた内臓の温度も上がります。内臓温度が1度上がると、基礎代謝は10～20％良くなります。血行の巡りも良くなり、老廃物が外に出やすくするのを助けます。老廃物を外に出すデトックスにより、身体の健康を保つこともでき、美容効果も期待できるのです。

デトックスにより身体の状態が良くなると、肌のターンオーバーも順調になり肌の状態が良くなるというこうれしい効果があります。

白湯を飲むだけで、健康の維持や美容効果も期待できるのは有り難いですね。

白湯を飲むことの3つ目のメリットは、便秘解消の助けになることです。便秘に苦しむ子どもも増えています。「ヨーグルトなどの乳酸菌を取り入れて腸内環境に気をつけているのにどうしてだろう」と考えている人もいることでしょう。もしかしたら内臓の温度が下がり、機能が低下しているのかもしれません。

白湯を飲んで内臓が温まり内臓温度が上がることは先ほども紹介しました。臓器の温度が高くなることで胃腸の動きを活発にし、便通も良くなります。

特に便秘に苦しんでいる人は、内臓を温めて内臓の動きが活発になるようにするといいですね。便秘が解消するとデトックス効果にもなり、肌の調子も良くなるという、女性には特にうれしい連鎖があります。

Question 21

自分を大切にするルーティンは何ですか?

朝の習慣　初めての方にはジョグ・ウォークがお勧め

コロナウイルス感染症が拡大してきた2020年から「コロナ太りをなんとかしなければ」というご相談を受けることが増えています。

手っ取り早く食事を減らそうとする方や、Youtubeで溢れている「○○制限ダイエット」というものに飛びついてリバウンドしてしまう方も少なくありません。気になったその瞬間だけではなく、継続的に行えるよう、習慣に組み込むことが大切になります。

例えば、出不精な方とこんな目標を共有しました。

〝一日のどのタイミングでもいいから一日に1回だけ深呼吸をしに外に出る〟

〝月に100キロメートル走ったり歩いたりする〟

月に100キロメートルと聞くとハードルの高さを感じるかもしれませんが、一日に3キロメートルと考えると意外といけるものです。時間を決めると無理が生じるので、朝でも夜でも気が向いた時に、その日の体調に合わせて走る・歩くことからスタートするのがお勧めです。

このクライアントには、まずは出不精な自分と向き合うことから始めてもらうようにしました。

私も最初の頃は「着替えてとにかく20分外で過ごす」というマイルールをつくりました。ジョギングやウォーキングの効果を高めることのできる簡単なポイントに、①意識の活用　②負荷をかける、というものがあります。

私は美しくなりたい部分、お肉を落としたい部分、すっきりさせたい部分の筋肉に意識を集中して歩きます。歳を重ねてもお尻が垂れないように、お尻の筋肉の動きに意識を集中させながら走っています。

また、同じように歩いても体重が重い人のほうが筋肉への負荷が強くなり、エネルギーを多く使うことになります。体重が重いのと同じ効果を得るには、荷物を背負って歩くことです。坂道を歩くと平坦な道を歩くのに比べてエネルギー消費量が多く、傾斜10度の坂道で3倍、傾斜20度の坂道で6倍にも増えるとの研究報告があります。

運動を始めると姿勢が良くなり、身体が引き締まり、心が安定してきます。ストレスから解放されて、何よりもニュートラルな状態に戻れるのです。

全部走ろうと思わずに、走れるところは走り、疲れてヘトヘトになる前に歩いて呼吸を整えます。気張りすぎるとつらくて嫌になってしまうので、最初はできるだけハードルをさげて設定するのがいいでしょう。そして、自分に対して〝できたね、やったね〟と褒め言葉を口に出すのです。習慣化は最初のゆるさがポイントです。

Question 22 自分との小さな約束を1つするとしたら何ですか？

朝時間の有効活用（トレイルランニング編）。

私の場合、コロナ禍で外出自粛の風潮の中でも比較的安心して始められたのがトレイルランニングでした。車で30分ほど離れた郊外の山に登りに行くこともあります。ロードでのジョギングにはない3つの魅力をご紹介します。

心地よい挨拶とマナー

定期的に山から山を縦走するコースを取り入れています。登山には、道を譲る、挨拶をするなど様々なマナーがあります。登山道によっては登り下りの道が分かれている場合もありますが、どちらも同じ道の場合もあります。

下る人のほうが相手に気づきやすく、よける余裕のあるスペースを確保しやすいなどの理由などから、一般的に登りが優先と言われています。ただし、道を譲る時はできるだけ道幅が広く安全な場所で、山側によけます。すれ違いざまに相手に接触し、滑落するのを防ぐためです。ただ、登り優先とは言っても、すれ違う場所によっては登りの人がよけたほうが安全な場合や、登っている人が少し休みたい場合など状況によって異なります。臨機応変に対応することが大切です。

外出自粛中にコミュニケーションの大切さを見直す方が多かったためか、すれ違う際、道を譲る際、追い抜く際には、今までよりも気持ちの良い挨拶を交わしてくださる方が増えているように感じます。
晴天に、眺望に、大自然に、エネルギーをもらい、朝から気持ちの良い一日を過ごすことができます。

雨の山の魅力

まだ暗いうちに出発して日の出に間に合うよう山を駆け上がることも多く、予報が晴れであったとしても、山の天候はよく変わるものです。到着してみると雨にあうことも珍しくありません。そんな時にはこう捉えるようになりました。

〝雨のおかげで山本来の姿を堪能できる〟

雨の日の山には3つの魅力があります。

①雨の似合う虫や小動物に出合える
カエルやカタツムリ、ミミズなどが元気に活動する光景を見られます。

②幻想的な雨の森に癒やされる
雨が木の葉に当たる音が音楽のように聞こえることがあります。少し霧が出ているおかげですぐそばに子ジカの姿を見られたこともあります。晴れていて見通しがいいとなかなか出合えませんが、愛らしい姿が見られるのも醍醐味です。

③雨だからこそゆったりと登れる
足元が悪いからこそゆっくり進むことになり、仲間との会話もいつも以上に弾みます。
晴れの日とは違う魅力も新鮮です。

節目の感謝の時間

年末年始のトレイルランニングも大切にしています。暗いうちに出発し、山頂で日の出を眺めながら清々しい一日をスタートできます。山頂でいただく淹れたてのコーヒーは最高の1杯です。

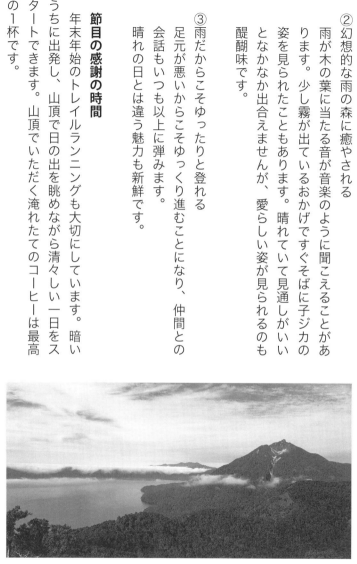

大切な人たちが元気でいてくれること、水や空気が美味しいと感じられること、今こうして生かされていること、全てに感謝せずにはいられなくなる時間が好きです。

今年もいろいろな活動を通じて〝心の豊かさ〟にじっくりと向き合う一年だったと振り返るのです。

朝活の良いところは時間を有効活用できることとです。朝食時間には戻り、子どもたちに小動物たちとの出合いの話をしながら一緒に朝の食卓を囲みます。

今のこの瞬間をしっかり味わうようにして一日を大切に過ごしています。

Question 23
朝時間をどのように活用していますか？

幸運を招く習慣　自分から挨拶する

私が立ち居振る舞いを学んだのは京都のお茶屋さん、大女将さんと芸子さんからです。

京都観光の折、ご挨拶をしたことがきっかけで知り合いました。

立ち居振る舞いの美しいご婦人は祇園の「松八重」というお茶屋さんの大女将。今はもう他界されていらっしゃいますが、白洲次郎さんが足しげく通われたお茶屋さんの大女将です。

私は白洲次郎さんと正子さんが大好きで、書籍をいくつも読んでいたことから大女将とは話題に事欠きませんでした。大女将に会う前には必ず書籍を何度も読み返していたので「私よりも次郎さんのことよく知ってるんじゃないの？」と驚く素振りを見せてくださったり、「あなた若いのにエラいわね。ちゃんとお勉強してから会いに来てくれるのね」と可愛がってくださいました。

腰の曲がった大女将の手を引いて、桜の時期に花踊りを見に行ったのも良い思い出です。「松八重」と文字の彫られた木の傘立ても次郎さんが作ってくれたものと、奥から引っ張り出してきて見せてくださいました。

傘立てに触れながら、歴史上の人物を感じられる瞬間を楽しむ光栄なひとときでした。

あれだけ熱心に覚えた京ことばは、使わないうちに忘れてしまいましたが、マナーや所作は楽しい思い出を浮かべながら真似るよう心がけ、その後も日常の基本的な所作を見直し整える努力を重ねてきたので、今でも「マナー講師」としての仕事などにも役立っています。思い出まじりにいろいろな話をしてくださった日のことがとても懐かしいです。

松八重さんでの時間をご一緒させていただいた芸子さんや舞妓さんは、15歳には女の一生を決断されてこの世界に入られています。女性も自分のキャリアとしっかり向き合うことが必要だと気づかせてくれたのも、所作を学ばせていただいたのも、松八重さん。キャリアコンサルタント取得のきっかけも、もしかすると松八重さんにあったのかもしれません。

Question 24
今日、にこやかに微笑みかけてくれた人に、ぜひあなたのほうから挨拶をしてみませんか?

相手の良いところを高める習慣

もしもあなたが家族や同僚、大切な人に対して、より大きな成果を上げることができると信じて、そのことを伝えれば、相手は実際に大きな成果を上げることができます。

「ピグマリオン効果」というこの方法は子育てにも活用できます。

「やりたい」という気持ちに寄り添い、期待をかけるのです。勉強でも料理のお手伝いでも。もしもうまくいかなくても上手にできたところに焦点を当てて、良いポイントをしっかり褒めます。

特に子育てにおいては3つのことを意識しています。

・本当に期待をかけること
・良いところを見つけること
・言葉で伝えること

育休、産休中はまだオムツのとれていない子どもたちと一緒にお菓子作りやピザ作りをして楽しみました。うまくできなくて小麦粉で周りを真っ白にしてしまっても、卵の殻が入ってしまっても、できなかったことよりできたことに目を向けてほしいと思い、「頑張ったね」「一緒に作ると美味しいね。楽しいね」と声をかけました。

子どもたちが小さな頃は、庭にタヌキやキツネが顔を出すような緑溢れる大自然の中で暮らしていましたので、お散歩中に摘んだフキノトウやツクシをピザのトッピングにして「山菜ピザ」を作ったり、一緒に大豆をこねて味噌を作ったりもしました。

「やってみたい」「私にもやらせて」と言う子どもたち二人のやりたいに応えようとすると時間はかかり、汚れ物も増えますが、本業で食育に携わってきたことから、いつか自分に子どもができたら一緒に料理をしたいと願ってきたこともあります。

小さな頃からの食育体験の影響か、息子の夢はシェフ、娘の夢はパティシエです。

娘は手先が器用なほうではありませんが、できないことよりもやりたいことのほうに気持ちを向けてくれているようです。今から二人の未来の作品をわくわくしながら待っています。

生徒や部下、チームメンバーなど周りの大切な人にもそう心がけることで、周りの方々との関係性も良くなり、気持ちの良い人間関係が築けるものと思います。

Question 25 目の前にいる大切な人の長所（強み）をいくつ挙げられますか？

幸運を引き寄せる習慣

私は、辛い時こそ「運だけはいい」と言い続けました。

その日一日の良いことをことさら大きく取り上げて、「私ってやっぱり運がいい」と言葉にしました。

自分の言葉は他の誰の言葉よりも自分の身体を伝って自分の脳に一番強く響きます。

「運に科学的根拠はない。唯一の違いは、自分は幸運だと思うか、不運だと思うかである」

これはイギリスの心理学者リチャード・ワイズマンの言葉です。

見上げた空が美しかった時、雨でも窓に水滴が輝いて見えた時、「なんて自分は運がいいんだろう！」と言いました。父を失い進路変更を余儀なくされた時にも、〝自分は運がいい。私には母がいる。弟たちもいる。支え合える家族がいる〟と言い聞かせてきました。

ないものよりもあるものに目を向ける。暗闇にいるように感じた時も小さな光の点さえ見つけられれば、それを目印に進めます。

どんな状況に置かれても、この先の世界が真っ黒に見えるようなことに見舞われても、ごく小さな光の点を見つけられる感度を養おうと自分に言い聞かせてきました。

運がいいと信じ込めば、点が線になり、面になるのです。

もしも今、自分の思い通りにならないと感じるような環境にいる方は、「私は運がいい」、そう言葉にしてみることをお勧めします。

Question 26 自分は幸運に恵まれていると信じていますか？

人生の主役であるための習慣

最近、学生さんの就職相談が続いていたのですが、今後のことについて聞くと、「お父さんが言ったから」「お母さんが言ったから」と口にされる方が少なくないように思います。

また、誘われて気乗りしない飲み会に憂鬱になっている、無理な頼み事に「ノー」を言えずに悶々としている、メールの返信がなかなかこないけど相手は嫌な感情でいるんじゃないかと思うと何も手につかない、というお話を伺うことがありました。

そんな時、心の操縦席には自分ではない他人が座っている状態ではないでしょうか。

「誰に何と言われようが、〝自分〟は本当はどうしたいのか、他人の言動に振り回されずに、心の操縦席にいつも自分が座るようにしたいですね」

とお話ししました。

「これからは自分の人生を描いてごらん」

かくいう私も母という立場、娘という立場、妻という立場など、状況に応じて様々な役割を求められてきました。

大切な家族のために自分のことをあと回しにしてきた経験は山ほどあります。

ある時、お世話になっている人生の大先輩から誕生日にクレヨンをいただきました。使い方次第でいろんな絵が描ける、マーブル模様のクレヨンです。てっきり子どもたちへのプレゼントかと思ったら、私への贈り物だと言います。

「君は馬鹿がつくくらい真面目に、周りの人間のために頑張ってきたんだと思う。これからは自分の人生を描いてごらん」

そう言って渡してくださいました。

父を亡くしてからは「大黒柱」として家族のために。

交通事故で障がい者となった弟のために。

結婚後は夫のために。

母親となってからは子どものために。

リーダーとして仲間のために。

経営者としてスタッフのために。

いつも大切な人たちのために精一杯努めてきたつもりです。

数年ぶりに再会した先輩には全てを見透かされていたような、というよりも誰も知らないはずの努力も見てくださっていたかのような、そんな言葉をいただきました。

人生の主役は自分自身。

自分の心の操縦席のど真ん中にしっかり座って、人生の主導権を握っていたいと思います。

Question 27

今この瞬間があなたの人生で一番若い日。
人生という真っ白なキャンバスにどんな絵を描きますか？

体型維持の習慣　寝る前3時間は物を食べない

「同じような食事をしていても太る人とそうでない人がいるのはなぜでしょうか」と聞かれることがよくあります。

もし仮に全く同じものを食べていたとしても、食事をとる時間や順番で身体への影響は大きく異なります。

食事は生きていくのに欠かせないものですが、身体への負担も大きいです。

私たちが食べた物は噛み砕かれ、食道から胃に送り込まれます。噛み砕かれた食べ物は、胃である程度消化され、十二指腸、そして小腸へ送り込まれます。

食べ物を体内で消化分解するのにも栄養素を吸収するのにも莫大なエネルギーを使います。

食べすぎは身体への負担を大きくするだけでなく、働きが追いつかなくなるんです。

食べ物の種類や量によって異なりますが、消化には概ね3時間かかると言われています。

しかしこれは起きて（身体が活動して）いる状態での数値です。

人の身体には一定の体内リズムがあり、ある周期で動いています。

午前4時～正午　　　　排せつの時間
正午～午後8時　　　　補給の時間（食事と消化）
午後8時～午前4時　吸収と活用の時間

一般的な生活パターンの場合は、夕食は遅くとも午後8時頃までには食べたいですね。

普段の私は寝る3時間前には食事を終えるようにしています。

これを活かせば美味しく食べて、しっかり排泄もできて、健康的な食生活が楽しめます。

ただし、365日規則正しい生活をしているわけではありません。会食や友人と飲みに行く機会があれば時間を気にせず、その時を楽しみます。ただ、それが連日続かないよう意識はします。あまりストイックになって人生を楽しめなくなっては本末転倒なので、1週間のうちで帳尻を合わせられればOKとしています。

食事は野菜から食べるベジファーストや、ケーキなどのハイカロリーなものは午前9時～午後3時の間に食べる時間栄養学も取り入れながら、無理せず食べたいものを食べられる食生活のアドバイスを行っています。

Question 28 今日までの1週間で身体を思いやって行ったことはありますか？

効率アップの習慣　整理整頓、毎日小掃除

パラレルキャリアで子育てもしていると、何よりも時間の使い方の工夫が必要になります。

その中で最も効率が悪く、一番無駄な時間は〝物を探す時間〟だと思っています。

〝どこにしまっておいたっけ……〟となると時間はいくらあっても足りません。

そこで効率アップのために次の２つを習慣にしています。

・日頃から整理整頓しておく（探す時間を省く）
・小掃除を毎日する（大掃除をしなくてもよい状態にする）

子どもたちが赤ん坊の頃から遊びに来てくれている友人たちからは、「とても子どもがいる家とは思えない」と言われますが、探さなくていいように、物の位置を決め、使ったら戻すようにしてリバウンドを防いでいるだけなのです。

子どもの物に関しては、特に長期休みに入る直前が大事で、夏休み・冬休みが明けて提出物探しに振り回されたことがあったので、終業式に持ち帰ったものは雑巾や上靴などを除いて「始業式セット」と書いた大きな紙袋に入れて保管しておきます。すると、学校が始まっても慌てることな

く、振り回されることなく、スムーズに始業式を迎えられます。

毎日の小掃除は特に汚れやすい水回りを意識します。トイレに入ったらいつでもサッと拭ける所にクリーナーを置き、洗面所やキッチンもすぐ取り出せるところに研磨用の白いスポンジを置いてあります。

鏡は汚れたままにしておくと心まで曇ってしまいます。毎朝サッと拭いて綺麗な状態を保つようにしています。

散らかったままの部屋では仕事の効率も落ちてしまうので、仕事を始める前に気になるところはサッと小掃除をして、机の上も整理してからパソコンを開きます。まとめて大掃除する必要のない程度に綺麗にしておくと、気持ちも良く、効率も良くなります。

Question 29

周りをぐるりと眺めて気になるところがありませんか？ もしもあれば、3分だけ片づけてから仕事を始めませんか？

思考の習慣　朝のセットアップ

毎朝、家を出て空を見上げた瞬間にある問いが浮かびます。

〝今日という日は二度と巡ってこない。
さぁ、今日はどんな一日にしよう〟

雨でも、雪でも、青空でも、まだ暗くても、空を見上げた瞬間にそう問われる気がしています。
そして、その日一日のプランニングがてら、一日のリズムを作ります。
その日一日の中で一番大事にしたいことに対して自分の思いを膨らませながら朝のジョギングをしています。

年を重ねるごとに
〝本当に自分の実力に見合っているのか〟
と思うような案件が入ることも増え、プレッシャーや責任に、臆病になりそうな自分も時々顔を出します。
そういう時は、自分を褒めます。

挑戦したり許したりできた自分をとことん褒めるようにしています。

そうやっていろいろ考えつつも、目に飛び込んでくる景色、残月や沿道の草花を愛でながら、喜びの感情を解放しながら走っています。

Question 30

二度と巡ってこない今日をどんな一日にしますか？

感謝の習慣　「ありがとう」で一日をスタートする

自分が持っていないものに意識を向けるといくらあっても足りませんが、毎朝、自分が持っているものに感謝をしていると、感謝したいことがどんどん引き寄せられてきます。

朝、晴れた空に向かって「ありがとう」

美しい街路樹に向かって「ありがとう」

ご飯を用意してくれた家族（自分）に「ありがとう」

いつもと変わらない朝を迎えられる、こうして健康でいられることにも「ありがとう」

若いうちは元気であることが当たり前、健康に対してありがとうという気持ちはなかなか持ちにくいようにも感じていましたが、自分の身にいつ何が起こるかわからないコロナ禍においては、自分も大切な人も元気でいられることに感謝する機会がふえているかもしれません。

特に家族との関係は、つい何事も「当たり前」になりがちです。

やってもらって当たり前、という思考習慣が身についてしまうと相手への感謝の気持ちも薄れてしまいます。

子どもたちにも「リモートワークに協力してくれてありがとう」、家族にも「不平を口にせずいつも一緒に楽しんでくれてありがとう」と、互いに「ありがとう」を言い合う機会が増えてきました。
感謝の気持ちがエネルギーになり、自尊心を高めてくれます。
今、どんな状況であろうと、感謝の気持ちを持つことを日々の習慣にしてみませんか？

Question 31

ないものに不平を言うより持っているものに「ありがとう」を言うなら、まず何に対して「ありがとう」を言いますか？

一日の終わりの習慣

皆さんは、今日の一日をもう一度やり直すことができるとしたら、どう過ごしますか？

私は毎晩寝る前のほんの数分間、その日一日を頭の中で辿り直すことにしています。

例えば昨夜、私は一日を振り返ってこんなふうに思っていました。

いつも朝は子どもたちを送り出す時に「行ってらっしゃい。大好きだよ。気をつけてね」とハグをして送り出すのですが、昨日はちょうど電話がかかってきてしまい、子どもたちには口パクでいってらっしゃいと伝えて手を振りました。でも、やっぱりいつも大切にしている習慣が実行できないとなんだかお互いに物足りない感じ。帰宅後に息子からもそう言われました。

もしも、電話の方に「すみませんが5秒待ってもらえますか？」とお願いして、たったの5秒をもらえていたら全然違っていたなと反省をしました。

朝のジョギングの時は、その日のプロジェクトのシミュレーションをしながら走っていましたが、もっと沿道の花を愛でられたかもしれない、陽の光を全身で感じられたかもしれないのに、私の心に余裕はあったかな、と。

そして、職場の仲間への「ありがとう」の言葉についてです。

「難しい討議の中で声を上げてくれてありがとう」

「厳しい局面で私をフォローしてくれてありがとう。良いフィードバックをありがとう」
「○○さん、ありがとう。あなたのおかげで無事に終えることができました」
「ありがとう」に続くもう一言を伝えればよかったと振り返り、明日はしっかり伝えようと思いながら眠りにつきました。

そうやって毎晩のように、一日を辿り直すと見えてくるものがあるのです。

反省点は翌日に生かせれば、やり残しのない、ベストな状態で過ごすための マインドセットができるように思います。

Question 32

今日と同じ一日をもう一度これからやり直すことができるとしたらどう過ごしますか?

一日で最も重要な一時間の活用。

あなたは潜在意識を活用していますか？

自分自身で意識できる意識が「顕在意識」、「潜在意識」は無意識とも言われるように、普段意識することができない意識のことです。

人生は選択の連続です。

小さな選択から大きな選択まで
私たちは選択を積み重ねて生きています。

小さな選択であれば、

〝今日はどの服を着ていこうか〟〝お昼に何を食べようか〟

大きな選択であれば、

〝どの大学に入ろうか〟〝この人との結婚を決めていいのか〟

などがあるでしょう。

日々の生活の中で選択を迫られた時、潜在意識の中にある記憶や価値観、信念に照らし合わせ行動が決められています。

この潜在意識は〝寝る前と起きた時の感度が高い〟と言われています。

起きてからの30分と寝る前の30分を有効活用していますか？

起床後の30分は、
自分を認めて、自分を褒めて、とにかくポジティブな言葉のシャワーを浴びてください。
きっと一日が好転します。

寝る前の30分は、
自分の本当の望みを思い浮かべてください。
明日の理想的な一日を思い描いてください。

今の自分は他の誰でもない、自分の「潜在意識」が作っているのですから。
私は一日の「始まり」と「終わり」をとても大切にしています。

Question 33
一日の「始まり」と「終わり」に自分とどんな対話をしていますか？

美の習慣　重ねた時間を糧にする習慣

美習慣コーチ®として「生活習慣」や「思考習慣」に向き合うことの多い毎日ですが、人前に立つ機会の多いお客様が多い事から、ビューティーコンサルタントとして美容事業も手掛けており、女性の皆様の美にも携わらせていただいています。

内面と向き合い自信をえることで、女性なら誰だって、見た目もさらに良いものであってほしいと思うもの。手技を身に着け、美容事業も加えることはごく自然な流れでした。

自然で伸びやかな自分らしい笑顔でいていただくためには、まず心の状態を整えるサポートを第一に。そして、自分の笑顔をもっと好きになっていただけるよう、お肌の状態を整え、肌全体から輝かせるお手伝いもしています。

美容事業に関しては専ら女性のお客様がメインですが、最近では男性のお客様も増えています。経営者としてたくさんの社員の前に立つ機会の多いお客様、リーダーとして社外やメディア等での対応機会の多いお客様。いつも相手に対して良い顔で向き合いたいという願いは男女共通です。

やりたいことを思いっきり楽しむための習慣。

「年齢」という流れに逆らうことなく、自分らしさを大切にしながらスマートに年を重ねていくことこそが本当の美しさにつながる。重ねた時間を糧にする美容法をご提案しています。

日々のちょっとした簡単なお手入れで、鏡に映る自分の笑顔が変わるということを私自身が実感してきました。

実は老化の原因は「年齢」よりも「紫外線」が8割と言われています。

私の習慣上、毎日陽射しを浴びながらのジョギングは20年以上。冬はスノーボードで毎週末のようにゲレンデ浸り。雪原では360度から照りつけられるので、実は冬が一番焼けるんです。

365日たっぷり紫外線を浴びて過ごしている超体育会系な私ですが、さすがに真っ黒な出で立ちでセミナー講師は気が引けます。

でも、日焼けを恐れずに、年中アウトドアを楽しめる秘訣は、お客様を輝かせるために身に着けた美容技術、美容習慣にあります。

簡単な時短美容のコツやズボラさんでも続くホームケアはホームページやセミナーで詳しくご紹介していますが、最新の美容技術を体得しながら、ひたすら自己研鑽の毎日。

8月のミセスコンテスト「2021ミセス・グローバル・アース」では北海道代表にお選びいた

だきましたが、直前まで炎天下でアウトドア三昧という過ごし方をしていたのは私だけだったそうです。

年中アウトドアを楽しんでいたい自分自身にこそ恩恵がある習慣かもしれません。

Question 34

あなたが取り組んできたことは
誰のため？
何のため？
目的を今一度
はっきりさせてみませんか？

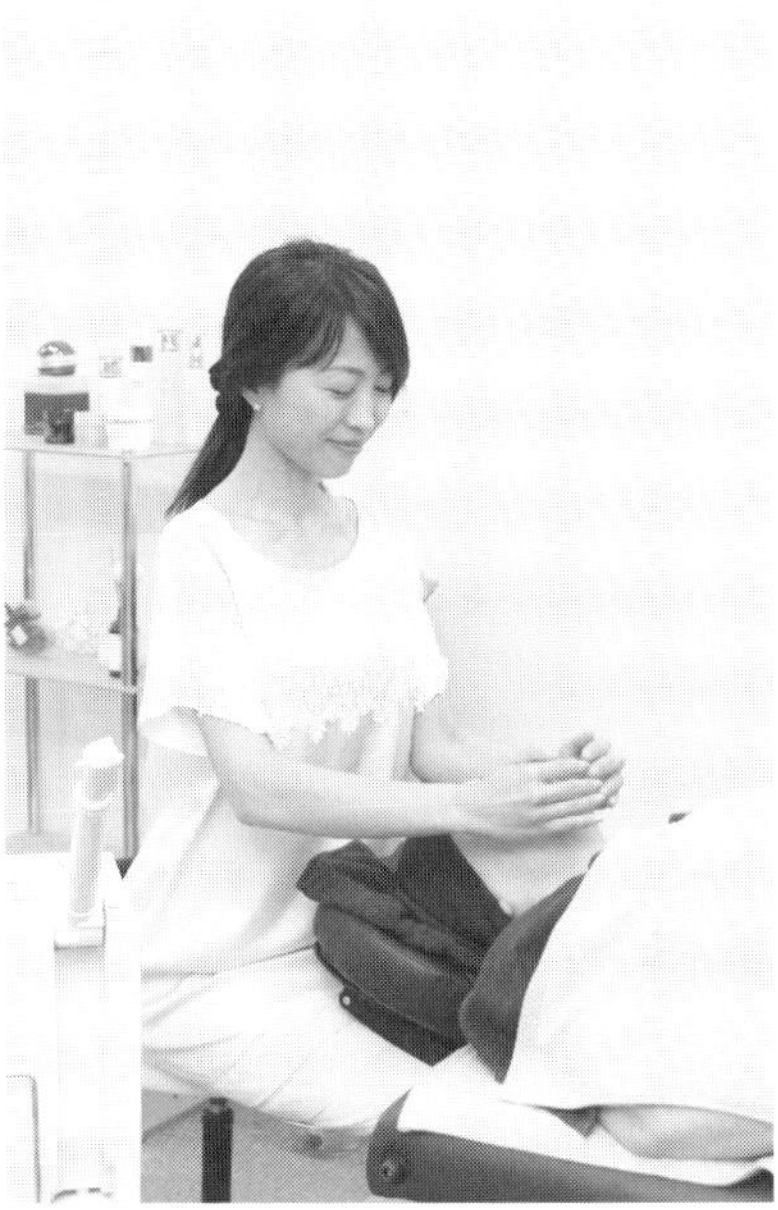

ほめる習慣

「ジョギングを毎朝の習慣にしています」と話すと「何を考えながら走るのですか?」とよく聞かれます。

昔は前日のことを反省しながら、〝どうしてあの時こうしてしまったのだろう〟〝もっとこうできたのに〟と自分との会話は伸びしろの指摘ばかり。自分に緊張感を与える毎朝でした。

しかし今は、往路では、その日やその週のスケジュールとポイント確認、達成したいことから逆算した優先順位の確認。復路では、ひたすら自分を褒めるようにして、時々感謝するようにしています。

今朝なら、

〝昨日の母の日は子どもたちとの語らいの時間をたくさん作れた私、やったね、素敵、最高だね!〟

〝ママのために一生懸命にプレゼントを用意してくれた可愛い子どもたち、そんな良い子に育てた自分って、最高! 大好き!〟

と、恥ずかしいくらい褒めまくりました。

だって、陰の努力も、どれくらい真剣に取り組んでいるかも、一番よく知っているのは「自分」

なのですから。

朝から褒め言葉のシャワーを浴びると自尊心も自己肯定感も高まり、ますます幸せを感じやすくなって、実に気持ちが良いですよ。

Question 35 最近、自分にかけてあげた褒め言葉は何ですか?

受けとる習慣　褒め言葉を素直に受け入れる

相手の素敵なところを褒めたのに「いえいえ」「そんなことはないんです」など拒絶や謙遜の言葉が返ってきてしまったことはありませんか？　こちらは本当にそう思って褒め言葉を贈ったのに、まるでプレゼントが受け取られずに返品されてしまったような気持ちになることもあります。

私自身も褒められるのは苦手で、人前で褒められようものなら無意識の防衛スイッチが入ってしまうことが多々ありました。

私の場合、褒められてモヤモヤする時は次のどれかに当てはまっていました。

・褒めてくれた人を警戒していたか、褒められたことでプレッシャーを感じた
・褒め言葉が聞き慣れない言葉やフレーズだった

そこで、防衛スイッチが作動していると感じた時は自問して答えを書き出し、モヤモヤしている自分を俯瞰することで、モヤモヤを解きほぐすようにしました。

自分の功績なのにそれを認めようとしなかったり、自分をみくびったりするよりも、「ありがと

うございます。うれしいです」と、褒め言葉をプレゼントしてくれた相手と喜びを分かち合うほうが関係性も良くなり、自尊心も高まります。

褒めてもらって「そんなことありません……」「でも……」と返していた時と、受け取れるようになった今とでは、相手との関係性が格段に変わった気がします。

あなたも今日から言葉のプレゼントを快く受けとる習慣を身につけませんか？

Question 36
褒められたら素直に「ありがとう」と返せていますか？

良い状態でいるための習慣　姿勢を正す

「心と身体はつながっている」とよく言われますが、姿勢も精神面に少なからず影響を与えます。顔を上げて笑みを浮かべていると、気分が良いことがわかります。悲しくて落ち込んでいる時、姿勢を正して顔を上げて悲しみを感じることはできませんよね。


姿勢がいい状態で深い呼吸ができれば交感神経と副交感神経のバランスが安定し、ストレスや疲れをためずにすむので気持ちに余裕も生まれます。

姿勢がいいと脳に適切な量の血液が送られるため、脳の働きが良くなり集中力が上がります。

あなたの身近な人で、素敵な人を思い浮かべてみてください。

その人の魅力の一つに、姿勢の良さもありませんか？

姿勢が良いと
身長が高く見えます。
上品に見えます。
明るく見えます。

良い姿勢を保つ時には筋肉が使われて多少のエネルギーを消費することもあり、姿勢を良くして代謝が上がると自然と太りにくい身体にもなっていくのです。

姿勢が良いと肉体面と精神面、そして見た目と多くの面に影響があります。

Question 37
鏡の中のあなたの姿勢はどうですか？

笑顔の習慣　微笑みの効果

笑顔、ほほ笑みの恩恵を十分に受けていますか？

笑顔の回数が少ない人は脳が疲れやすく、認知症にもなりやすいという研究結果があります。

心の底から笑うだけでなく、つくり笑いでも同じ効果が得られるそうです。

微笑むことでβエンドルフィンが分泌され痛みを和らげます。また、血糖値を下げ糖尿病予防につながる、笑うことでＮＫ細胞を活性化させガンを抑制する効果がある、スマイルは唾液中のグロブリンＡを増加させ風邪の予防にもなると言われます。免疫力が上がるなど、笑うことは健康にいいということが多くの研究で裏付けられています。

特に脳の老化対策に良い笑いは「思い出し笑い」です。「思い出す」＋「笑う」で脳に刺激を与えるのだそうです。

笑顔は自律神経に働きかけ、血流も良くします。笑うことにはダイエット効果もあり、10分間笑い続ける消費カロリーと45分歩く消費カロリーは同じだそうです。ニヤニヤして歩くと倍の効果が得られそうですが、周りの状況を考慮の上お試しください。

また、笑うのに効果的な時間帯があることもある化粧品メーカーの研究調査でわかってきています。それは午後5～6時です。昼の交感神経が落ち着き、夕方の副交感神経が増えてくる切り替えの時間です。この時にしっかり微笑んで過ごすと自律神経のケアができる上に、ちょうど終業の頃となり笑顔で挨拶ができますね。

微笑むことは心身の健康を増進し、人間関係を円滑に、人生の質を高めてくれます。

何よりも、微笑んでいる人と一緒にいると気分も良くなり、そういう人の周りに人が集まります。

私自身、もっと微笑みを増やしたいと思います。

Question 38 これから毎日もっと微笑んでみたら、どんな気分が得られそうですか？

実践の習慣

講師依頼をいただいたご縁から、毎週水曜日は朝6時半から「モーニングセミナー」で朝の学びのひとときを過ごしています。

ご依頼をいただいたのは倫理法人会。「企業に倫理を、職場に心を、家庭に愛を」をスローガンに、全国6万8000社の会員企業が純粋倫理に根ざした倫理経営を学び、実践し、その輪を拡げる活動に取り組んでいる国内最大の学習組織です。

万人幸福の栞という「十七か条」があり、その第一条「今日は最良の一日、今は無二の好機」という章が私は一番好きです。

〝今日は最良の一日。思い立つが最上吉日〟

毎朝目覚めてこう思う方はどれくらいいらっしゃるでしょうか？

今朝もランニングをして、子どもたちにご飯を用意して、行ってきますのハグをしてからモーニングセミナーへ行きました。

私は倫理法人会を初めて訪れた日の帰りには、会員として入会する連絡をしていました。経営者の皆さんが朝早くから集い、互いに学び合う姿勢に刺激をいただいたのです。人生においてとても大事なのについ忘れてしまう大切なことを思い出すため、毎週学びの時間を持つことを習慣の一つに加えました。

思い立つ日が最上吉日。昨日を悔いて明日を憂えるのではなく、気づいた時に喜んでやる。

最近の気づきです。講話の依頼をいただいたことをきっかけに倫理法人会に入会したと母に伝えた時に言われた言葉があります。

「千尋は昔から本当に、思い立つが吉日なのね」

その時、昔から何度も言われた言葉だったことを思い出しました。

昔は〝熟慮なしに行動している〟と責める意味の言葉だと思っていました。

でも母は、一度も責めたつもりはなく、ただただ娘の行動力に驚いていただけだったそうです。

私が高校生の時、母方の祖母が亡くなった直後に私はアルバイトの面接の電話をかけていたそうです。母が悲しみに暮れるはずだから、自分が家族を支えないと、と言っていたそうです。

二十歳の時は「母を雇う」と言った直後に会社をおこし、1週間後にはオーストラリアに発っていたそうです。

そして就職活動の時、「ホームページやエントリーシートでなぜ大事な会社を決められるの？創業者の足跡を辿りに行って確かめる！」と言った翌日に私は北海道から名古屋に発っていたそうです。

そして、本業の勤務先の社長から「千尋くんならできるんじゃないか」と言われた直後に開業しました。

どうやら過去から「思い立つ日が最上吉日」だけは実践していたようなのです。


母の言葉による気づきで得た結果は喜びと自信です。

これまで、昔の記憶がよみがえることもなく、言葉の意味も勘違いしたままでした。週に一度の学びが「気づく力を鍛える習慣」でもあると気がつきました。できないことだらけですが、1つでもできていたことがあったと気がついた時はうれしい気持ちになりました。

一日は今のこの瞬間の1秒の集まり。思い立つ日が最上吉日。気づいたら喜んで行う。

残りの人生も毎朝こう思って生きていきたいと思います。

Question 39
始めようかどうか、一歩踏み出そうか迷っていること、背中を押してほしいことはありませんか?

バランス感覚を養う習慣

現代社会は「デジタルデトックス」という言葉が流行るほど情報が溢れ、考える時間がつい削られがちのように感じます。考えることは「知る」「疑う」「伝える」の掛け算です。得た知識を疑って、自分なりにまとめなければ伝わりません。伝えるためには考えなければなりません。

自分の判断に100対0の確信、選んだものが100％正しいと確信を持つには膨大な検証が必要ですが、51対49でいったん判断して前に進めば、自分が判断する「絶対」はせいぜい51％程度と思えて楽になります。

パラレルキャリアの良さは、違う仕事をすることで視点も変わり、気がつかないうちに守りに入ったり発想が鈍りそうな状態を回避し、人脈や知識も広がることです。良い相互作用を生んでくれます。

自分を俯瞰して客観的に見つめるようなイメージでバランス感覚を養えるのはパラレルキャリアの良さの一つかもしれません。

しかし本業（会社務め）に副業（個人経営）に子育てにも全力で向き合っていると、めまいがするほど忙しい日が続くことがあります。どんなにバランスを大切にしていても、崩れそうになることもあります。

そんな時は、とことん遊びます。

挑戦したいこと、やりたいことがある時ほど、エネルギーを思いっきり解放して自分のキャパを確認するようにしています。

私にとってバランスがとれているかどうかのバロメーターは、心から笑顔でいられているかどうか、心の底から楽しめているかどうかです。


無理をして笑顔がひきつっていないか。

have toでなくwant toで生きられているか。

自分の歩むべき道をしっかり歩めているか。


仕事はもちろん、食事や子育てにも手を抜きたくない欲張りな自分も丸ごと認め、とことん遊んでバランスをとっています。

「頑張っている」と「楽しんでいる」は心の余裕が全く異なるので、自分の胸に手を当てて、自分の本音を問うようにしています。

アウトドアの大自然の中で過ごす時間は子どもたちの成長を感じる絶好の機会であり、自分を知る絶妙なチャンスでもあります。

静寂の中で焚き木がはじける音、薪の香り、寒いからこそ感じる温かさの中で、大切な人たちに囲まれて過ごす時間は、何もかも、より一層素晴らしいものに感じられます。

大切な人を応援するための心の余裕を確認する私の究極のバランスのとり方です。

Question 40

自分を見つめる時間を持つとしたらいつにしますか?

習慣とは暮らしを整えるための作戦　心を豊かに保つための武器

自然に包まれたゆとりある暮らしの中でも、仕事、育児、家事はめまぐるしくやってきます。一つひとつを確実にこなしていくためにはきちんと作戦を立てて習慣にしていくことが大切です。作戦と聞くと綿密なプランニングがあって行動しているように思われるかもしれませんが、大げさなものではなく、習慣こそあれ、臨機応変に、というのが基本です。

習慣を義務のように感じてしまうと、それができなかった時に逆にイライラと焦ってしまいます。状況に応じて手放すことができる緩さ、潔さも大事です。あれこれ同時にやらなければならないことに追われて気持ちが乱れても、習慣を一つ挟むだけで、優先することがおのずと見えてきて、安心できるように思います。

習慣とは単に決まりきった行動パターンの繰り返しではなく、心に豊かさやおおらかさをもたらすきっかけです。日常はうつろいゆくもの。同じ状況はいっときもなく、自分の思い通りにならないことばかりです。

でも習慣を持つことで自分と向き合い、心をニュートラルに戻すことができます。そうすると逆に日々の変化が楽しく見えてくるように思います。

日が昇り始め、外の空気を胸いっぱいに吸って、遠くにかすむ山々の上に広がる空が次第にぼんやりと白けていくのを眺めていると、頭も心も新鮮な気持ちになっていきます。

このちょっとした行為で、朝食の準備や子どもたちの登校でバタバタと忙しくなりがちな一日の始まりも穏やかな気持ちで迎えることができます。

いろいろな方から「これがいいよ」とお勧めいただくことも多く、確かに良さそうと思ったらまずは試してみます。ミーハーな自分を解放して、面白がって取り入れてみます。そうした中から自分に合っていると実感できるものが選ばれて、日々に取り入れられて、習慣になっています。それは年月を経て変化し、工夫が加わり、入れ替わっていきます。

年齢を重ねて体力も体調も昔と全く同じというわけにはいきません。

しかし今の積み重ねが未来につながります。未来への貯金になると信じて予防的に取り入れているものもあります。若い頃は何も考えずにがむしゃらにやっていたことも、一つひとつの質を上げていくことが未来の自分のコンディションをより良くすることにつながります。

習慣に固執することなく、間口は広げておいて、そこから自分に必要なことを選びとっていきたいと思います。

Question 41

今のあなたに最も必要なこと、必要なもの、頭に浮かんだのはどんなものですか。

おわりに　～人生をより豊かにするもの～

この本を最後まで読んでいただきありがとうございます。

もしかすると、読み終えた今、心の中がモヤモヤしているかもしれません。これまでの生き方を振り返ったり、昔やりたかったこと、できていないままになっていることを思い出し、心に波が立っているかもしれません。それぞれの問いと深く向き合っていただけるよう、私自身の経験を添えさせていただきましたが、私も探究しているところです。常に自分の価値観やあり方を大切にして、自分が納得のいく生き方をしていきたいと、人とのコミュニケーションや書物、様々な機会からより良く生きるヒントを吸収しながら模索しています。夢加速サイクルを回すたびに思考がブラッシュアップされて、見える世界や描くイメージが格段に変わってきていることを感じています。「美習慣」の「美」は美しい生き方をしていきたいという願い、良い習慣で美しく生きたいという心のあり方への願いをこめたものです。

状況や環境が目まぐるしく変わっていく現代社会で、これから大切なのは「自分と丁寧に向き合う」「自分をよく知る」ことだと思います。

状況や感情に左右されずにいる「軸」は、しっかり向き合い、知ることで強化されます。本書に記載した習慣の一つ一つが、私の人生を変えてくれました。

自分の価値観やあり方を大切にして、今日から少しずつ小さな習慣を実践していきませんか。その先には、自分が納得のいく生き方、あなたが手に入れたい夢の実現という未来があるはずです。

そして、人生を楽しみながら生きるあなたの背中を、子供たちは見ています。

次世代の子どもたちの明るい未来のためにも。

この本を手に取って下さったあなたの思考習慣と行動習慣がより良いものに、41の問いのうちたった一つでも、あなたのより豊かな人生につながるよう願いながら、ライフワークとして私はこれからも模索し、実践し続けていきます。


最後に、いつも私を見守り、応援してくれる家族や友人、先輩、クライアントの皆さま、ともに学び合い高め合う仲間の皆さんへ。

皆さんのお陰で今の私があります。感謝の念に堪えません。

皆さんのより豊かな人生に、微力でもお役に立ちますように。

ますますのご多幸を、心より願っております。

著者プロフィール

長谷川 千尋（はせがわ ちひろ）

北海道出身。

東証一部上場企業に勤務の傍ら、「美習慣コーチ®」として起業、現在はパラレルキャリアで事業を手がける。

1000人以上の食生活指導経験より「美しくなる食事」のコツを指導、習慣化で体質改善実績あり。ホリスティックな観点から食生活指導、美容・マナー指導、キャリア相談など一人一人の希望に応じてカスタマイズしたサービスを手掛ける。

成果を出し続けながらも、ワークライフバランスを実現し、暮らしに大自然での野遊びを取り入れた生き方、働き方が評判となり、コーチングセッションは開業前より予約が途切れない。行政や企業の依頼でセミナー講師も務める。

習慣化セッションでは行動変容にコミットし、Afterコロナの世界でより必要とされる《自らのリーダーシップがとれる人材》育成に向け、"今自分がどんな状態にあるのかを正しく知り、自ら変化を起こせる行動力と継続力を身につける"ためのプログラム等を提供している。

国家資格キャリアコンサルタント・行動心理士
2021ミセス・グローバル・アース北海道代表

夢を加速させる習慣 自分と丁寧に向き合う41の問い

2021年12月15日　初版第1刷発行

著　者　長谷川 千尋
発行者　瓜谷 綱延
発行所　株式会社文芸社
〒160-0022 東京都新宿区新宿1－10－1
電話 03-5369-3060（代表）
03-5369-2299（販売）

印刷所　株式会社フクイン

ISBN978-4-286-23178-5